志说江南

江南旧志图选·八景

苏州市地方志办公室 编

凤凰出版社

图书在版编目（CIP）数据

江南旧志图选. 八景 / 苏州市地方志办公室编. -- 南京 : 凤凰出版社, 2023.6（2024.9重印）
（“志说江南”系列丛书）
ISBN 978-7-5506-3943-0

Ⅰ. ①江… Ⅱ. ①苏… Ⅲ. ①名胜古迹—史料—华东地区—图集 Ⅳ. ①K295-64

中国国家版本馆CIP数据核字(2023)第084873号

书　　名	江南旧志图选·八景
编　　者	苏州市地方志办公室
责任编辑	尤丹丹
特约编辑	彭子航
装帧设计	姜　嵩
责任监印	程明娇
出版发行	凤凰出版社(原江苏古籍出版社) 发行部电话025-83223462
出版社地址	江苏省南京市中央路165号,邮编:210009
照　　排	南京凯建文化发展有限公司
印　　刷	苏州市越洋印刷有限公司 江苏省苏州市吴中区南官渡路20号,邮编:215104
开　　本	787毫米×1092毫米　1/16
印　　张	37
版　　次	2023年6月第1版
印　　次	2024年9月第2次印刷
标准书号	ISBN 978-7-5506-3943-0
定　　价	260.00元

(本书凡印装错误可向承印厂调换,电话:0512-68180638)

《江南旧志图选·八景》编纂人员

主　编

乐　江

副主编

王　炜　傅　强　邢　静

执行主编

陈其弟

统　稿

丁　瑾

编　辑

陈其弟　丁　瑾　刘凤伟　齐　慎　朱　蕾

序

二〇二二年四月，中共中央办公厅、国务院办公厅印发的《关于推进新时代古籍工作的意见》(以下简称《意见》) 如一缕春风吹暖了古籍界。《意见》要求，“加强古籍抢救保护、整理研究和出版利用，促进古籍事业发展，为实现中华民族伟大复兴提供精神力量”。

中华文明泱泱五千年，古籍承载着历史的厚重，留下了文化的墨香。近两年，央视综合频道热播的大型文化节目《典籍里的中国》，让古老的典籍走进电视观众的视野；九集专题纪录片《穿越时空的古籍》，用活化的方式聚焦中华古籍，让年轻的观众和读者惊叹古籍“出圈”了。

古籍是我国宝贵的文化遗产，旧志是古籍中的一大门类，约占古籍的十分之一。正如《意见》要求，“将古籍工作融入国家发展大局，注重国家重大战略实施中的古籍保护传承和转化利用”。旧志整理工作是新时代古籍工作的重要组成部分，作为需要“强化古籍工作部门职责”的方志部门来说，承担旧志整理工作，既是义不容辞的职责，更是一种使命和担当。

如何“让书写在古籍里的文字都活起来”，是当下古籍推广的“重中之重”。创新推进古籍工作，向社会提供更多的展示窗口，才能让更多的人注意到这件事，让普通民众接触和了解古籍。只有让年轻人爱上古书，古书才有未来。

史学家章学诚曾说："夫家有谱，州有志，国有史，其义一也。"方志与国史、家谱均为重要的历史文献。志书编修的初衷无疑是"存史"——留存地方的记忆。

据《中国地方志联合目录》统计，我国现存历代编修的旧志有八千五百多种，这些旧志中保留了大量的历史信息，除了文字信息，也有舆图信息。旧志舆图包括境域图、城池图、府治县治图、学宫图、山水图、名胜图、寺观图、人物肖像图等，是跨越时空的"情景图"。通过古今对照，人们可以感知沧桑变化，了解家乡的前世今生。

图像的优点是直观、生动、形象。地方志的源头之一正是"图经"，是一种图文并茂的载体。时至今日，现代新方志仍然将地图作为"述、记、志、传、图、表、录"七种主要体裁的形式之一。

二〇一九年十二月，中共中央、国务院印发《长江三角洲区域一体化发展规划纲要》，为长三角地区的一体化发展提供了纲领性的指导。长三角一体化上升为国家战略之后，江南文化成为文化领域研究的热点，同时也对以江南文化为根基着力打造江南文化高地、发挥江南地区经济文化的引领作用提出了更高的要求。

长江三角洲区域一体化发展规划范围包括上海市、江苏省、浙江省、安徽省全域，完全涵盖旧时以"八府一州"为中心的江南地域。要研究江南文化，离不开植根江南地区的各级各类全方位反映地方历史与现状的地方志。

苏州位于江南腹地，是江南文化的主要发祥地。三千多年前，泰伯来到江南建"勾吴"国。随着吴国的强盛，"西破强楚，北威齐晋，南服越人"的历史纪录，在地方志上班班可考。

《意见》要求古籍工作要"坚持守正创新，古为今用、推陈出新，服务当代、面向未来”，“深入推进中华优秀传统文化创造性转化、创新性发展”。

在国家战略长三角一体化发展的大背景下，苏州市地方志办公室在苏州市委、市政府的支持下，在江苏省地方志办公室的指导下，服务中心，围绕大局，主动作为，立足苏州，放眼江南，为长三角一体化发展寻找历史基因，秉承“修志为用”的原则，依托丰厚的江南旧志资源，以志明史，整理出版“志说江南”系列丛书，正是地方志工作创造性转化、创新性发展的新时代的新作为。

“志说江南”系列丛书分为《江南旧志图选·城池》《江南旧志图选·境域》《江南旧志图选·名胜》《江南旧志图选·八景》《江南旧志文选·序跋》五种图书，以满足新时期“存史”“资政”“育人”的需要。

旧志整理的真正目的是更好地利用，只有旧志不再诘屈聱牙，不再晦涩难懂，才能更好地普及传播，古为今用。因此，我们选编这套“志说江南”系列丛书，最终是让它“飞入寻常百姓家”，发挥赓续江南文脉、弘扬江南文化的现实作用，也希望它能为新时期江南地区的融合发展提供历史借鉴和文化认同。

二〇二三年六月

凡 例

一、本志为“志说江南”系列丛书之一“八景”，选录范围为江苏、浙江、安徽三省十五个现行设区市和上海市。

二、本志选录城市的编排顺序是江苏的南京市、镇江市、常州市、无锡市、苏州市、扬州市、泰州市、南通市；上海全域；浙江的杭州市、嘉兴市、湖州市、宁波市、绍兴市；安徽的安庆市、黄山市。

三、本志选图以清晰为原则，力争做到覆盖各地市县区域，由于各地文献齐备程度不一，部分地市暂付阙如。

四、本志选图中出现的地名，皆使用通用名称，不完全参照图中文字。

五、本志选编时力求保持各志原图原貌。原志书版式尺寸各异，本志在保持原图长宽比例的基础上统一版心尺寸。

六、每幅八景图均标注图名及资料来源。

目 录

金陵四十景

钟阜山 / 选自康熙《江宁府志》

石城桥 / 选自康熙《江宁府志》

石城橋
在府治西二里
孫權于江岸必
爭之地築城
因石頭山塹
鑿之陡絶壁
立當時大江環
繞其趾今河流
之外平衍若砥
居民繁密十
數里始達江滸
陵谷之變遷
此其徵驗也

牛首山 / 选自康熙《江宁府志》

白鹭洲 / 选自康熙《江宁府志》

白鷺洲
在府治西南八里
周回十五里即太
白詩所稱二水
中分者是也控
枙上流足為天
險舊有賞心亭
白鷺亭二水亭
今城既恢拓亭亦
久廢惟潮汐無
改耳

天印山 / 选自康熙《江宁府志》

狮子山 / 选自康熙《江宁府志》

獅子山

在府治西二十里高三十六丈周回五里形如獅子以是得名稍南有紫竹林俾院額恩和尚至金陵始建郡伯陳開吳脩造一閣一亭登眺始曠爰勒死於石

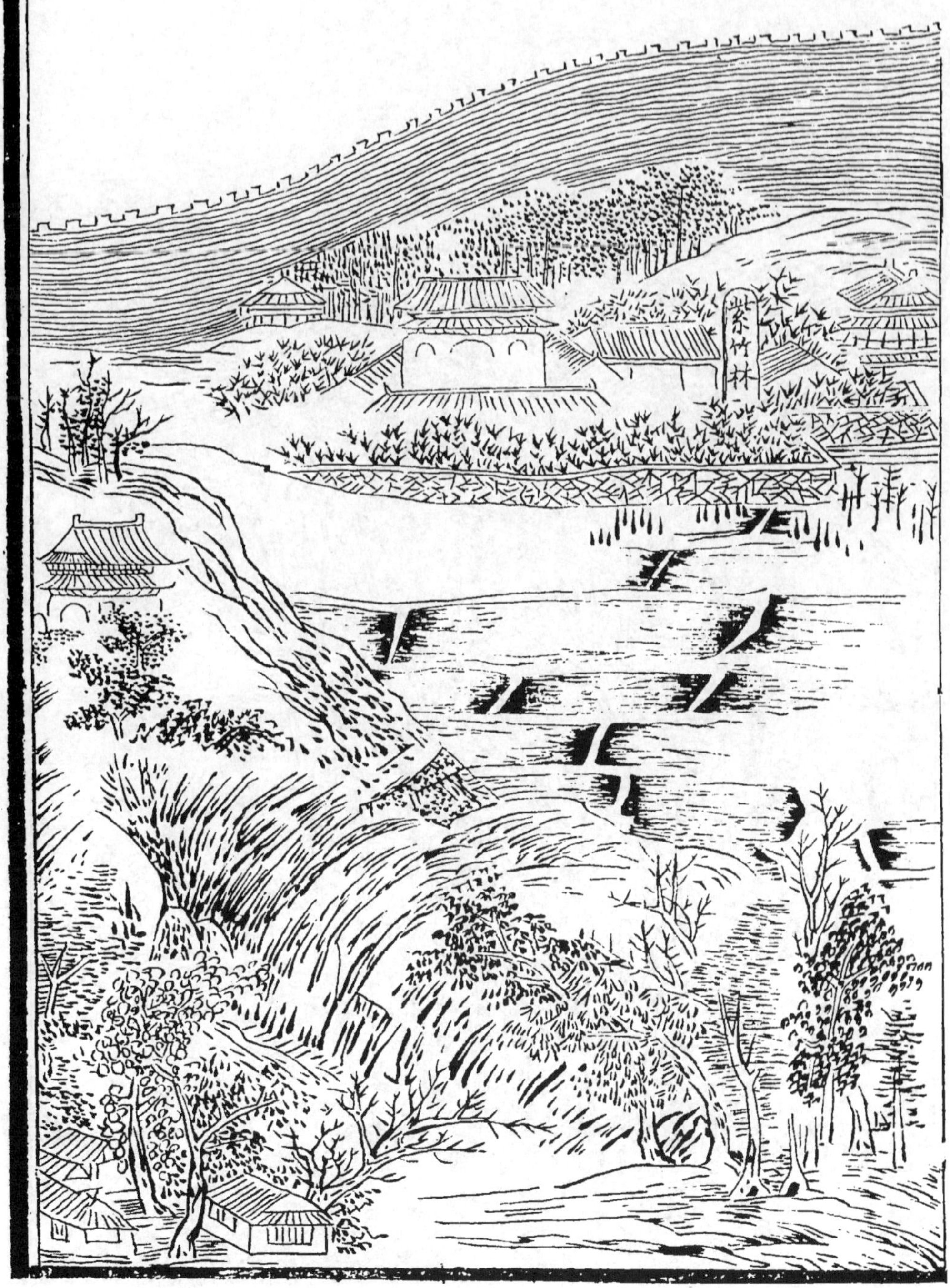

凤凰台 / 选自康熙《江宁府志》

鳳皇臺
在府治西南一里杏花村
中宋元嘉時鳳皇集於
此山築臺山椒以表瑞舊
有保寧寺唐李白南唐
宋齊丘俱有詩向為貴
家園圃今皆圮廢昔就其
廢舍葺為鳳遊寺臺
屬寺中有焦竑碑朱之
蕃書

莫愁湖 / 选自康熙《江宁府志》

莫愁湖
在三山門外之右偏去
城甚近昔有妓盧莫
愁家此故以名湖鍾阜
石城横亘于前江外諸
岸遥相映帶稱勝地
焉

赤石矶 / 选自康熙《江宁府志》

谢公墩 / 选自康熙《江宁府志》

落星冈 / 选自康熙《江宁府志》

鸡笼山 / 选自康熙《江宁府志》

栖霞寺/选自康熙《江宁府志》

棲霞寺

在府城東北五十里多藥艸可以攝生故名攝山重嶺孤峙形如繖蓋故人名繖山南史明僧紹居此捨宅為寺有千佛嶺天開岩俯臨大江雲光映帶以棲霞名寺匪虛耳

雨花台 / 选自康熙《江宁府志》

雨花臺
在府南三里聚寶門外據岡阜最
高處梁武帝時雲光法師講經
于此感天雨花故以名其臺〻上
淺草如茵無一雜樹登其山巔則江
光日彩與林峦交相映帶游人
車騎終歲駢集殆無虛日

凭虚阁 / 选自康熙《江宁府志》

燕子矶／选自康熙《江宁府志》

长干里 / 选自康熙《江宁府志》

長干里

达摩洞 / 选自康熙《江宁府志》

三宿岩 / 选自康熙《江宁府志》

清凉寺 / 选自康熙《江宁府志》

清涼寺
在石頭城内南唐名石
城清涼寺山頂有翠
微亭亦南唐時建又
有暑風亭乃李後主
避暑殿之故址門内
胭脂井尚存登頂眺
城南北諸山如在眉
睫

后湖 / 选自康熙《江宁府志》

後湖
即晋之北湖宋元嘉末有黑龍見故改今稱齊武理水軍於此號昆明池在今太平門外周四十里湖中有洲明時以貯黃冊今廢矣而長堤烟景令觀者不能捨去

桃叶渡 / 选自康熙《江宁府志》

杏花村 / 选自康熙《江宁府志》

杏花村
在江寧縣治西與鳳
皇臺相接舊有古
杏林立遊人鱗集后
摧為薪而南中芳
園碁布其旁盛跡
猶不至于湮沒耳

治城/ 选自康熙《江宁府志》

冶城
在府治西二里為吳
王鑄劍之地謝安與
王羲之同訪冶城悠
然遐想有超世之志
卞忠貞墓在其右
麓今朝天宮道院
緣山之高下最稱盛
覽

幕府山 / 选自康熙《江宁府志》

慕府山
在府西北二十里晉元
帝初渡江丞相王導
建幕于此其上有
仙人臺虎跑泉今稱
為石灰山李子崗至
崇化寺梅花水皆深
邃幽遠以境僻遊跡
罕至然濱江一帶古
跡猶存

神乐观 / 选自康熙《江宁府志》

神樂觀
在正陽門外三里喬
松古柏秀色撲人
眉睫蓋不遠城市
别起仙都者矣觀
旁為舊大祀壇繚
垣之外馳道垣迤
最宜驅騁

献花岩 / 选自康熙《江宁府志》

青溪 / 选自康熙《江宁府志》

青溪
吴闕東渠名曰青溪其流九曲通湖瀆以
洩後湖水發源鍾山接于秦淮由南而西
經武定鎮淮諸橋夾岸垂楊亭館最盛
夏秋之交吴船載酒笙歌達旦六朝風
流依然未改

幽栖寺 / 选自康熙《江宁府志》

幽栖寺
在牛首山之西本懶融僧道
之所唐貞觀中傳四祖法建寺
故山與寺皆名祖堂山寺幽
深遠過于牛首之弘覺云

东山 / 选自康熙《江宁府志》

東山
在府東南三十里 名士山晋謝
安築之以擬會稽之東山與從
子元圍碁至夜始還山側巽
臺〻古木崇岩登覽曠濶亦
郊垧之勝地也

长桥 / 选自康熙《江宁府志》

長橋
在府治東南
二里武定文
德二橋之間
橋跨城濠，
峯亭側積
水之上勝時
游樂歡宴達
旦不休今歌臺
舞榭鞠為茂
草而橋則屢
經脩治漸就
狹小惟故跡
猶存可供往
還之一憩云爾

龙江阁 / 选自康熙《江宁府志》

龍江關
在府城西儀
鳳門外設關津
以征楚蜀材木
百貨交集生
計繁盛本雖
洄灘而泊船
湖蕩臨江橋
梁直接觀音
上元諸門連
接弘濟燕磯江
天瀰望景稱
最勝云

灵谷寺 / 选自康熙《江宁府志》

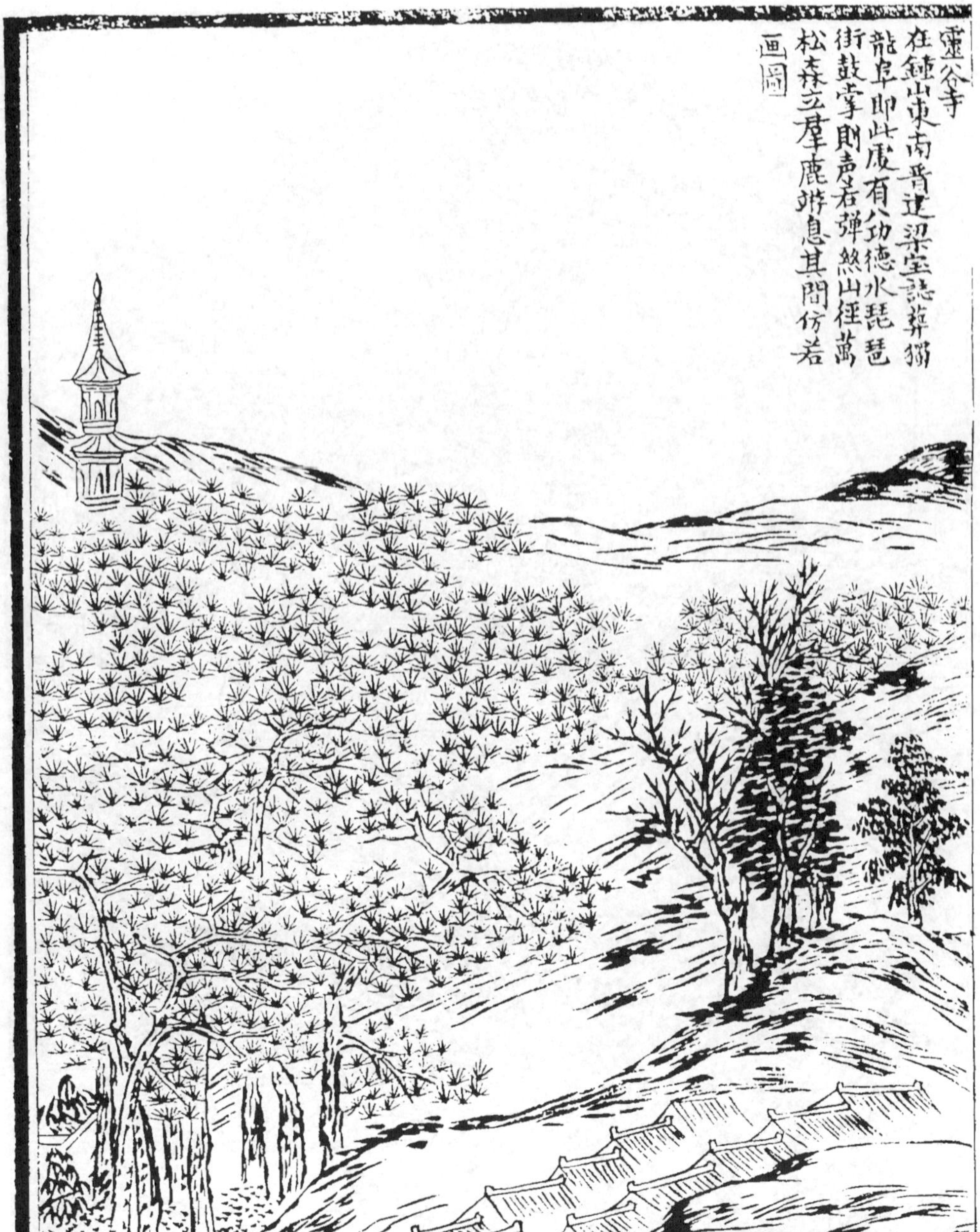
靈谷寺
在鍾山東南晋建梁寶誌葬獨
龍阜即此處有八功德水琵琶
街鼓掌則声若彈絲山徑萬
松森立羣鹿遊息其間彷若
画圖

祈泽池 / 选自康熙《江宁府志》

祈澤池
在府治東南三十五里山高五十丈周四
十里為劉家特初法師結庵于此山講
法華經龍女聽法師曰可為開一泉乎
後數日清泉湧于庵南後人以祈禱多
應

虎洞
在府東南四十里出高橋門
田野間延袤而入洞不甚突
異而羣山環立雲光吞吐近
洞有宮氏象相傳為漢時
物洞外有脩竹樹叅差可
憩

虎洞 / 选自康熙《江宁府志》

永济寺 / 选自康熙《江宁府志》

永濟寺
在府治東北廿五里高壁神來玲瓏奇跪山腰嵌置臺殿女墻之外倚臨大江魏文帝稱天限南北者此也

嘉善寺 / 选自康熙《江宁府志》

嘉善寺
在府治東神策門
外三里入寺徑道
甚幽殿後巨石壁
上析裂處仰視天
光僅露一線石前
有觀音閣閣前一
巨石中立石石有亭
由傍徑度石梁可
登真幽勝之奇地
也

天界 / 选自康熙《江宁府志》

天界
寺舊名龍翔在會同橋北洪武
中徙建聚寶門外額題善世
法門與碧峯能仁二寺鼎峙中
有三十六庵地既廣凋深邃僧
律精嚴禪誦之聲交發互應
迄今不改于舊云

秦淮 / 选自康熙《江宁府志》

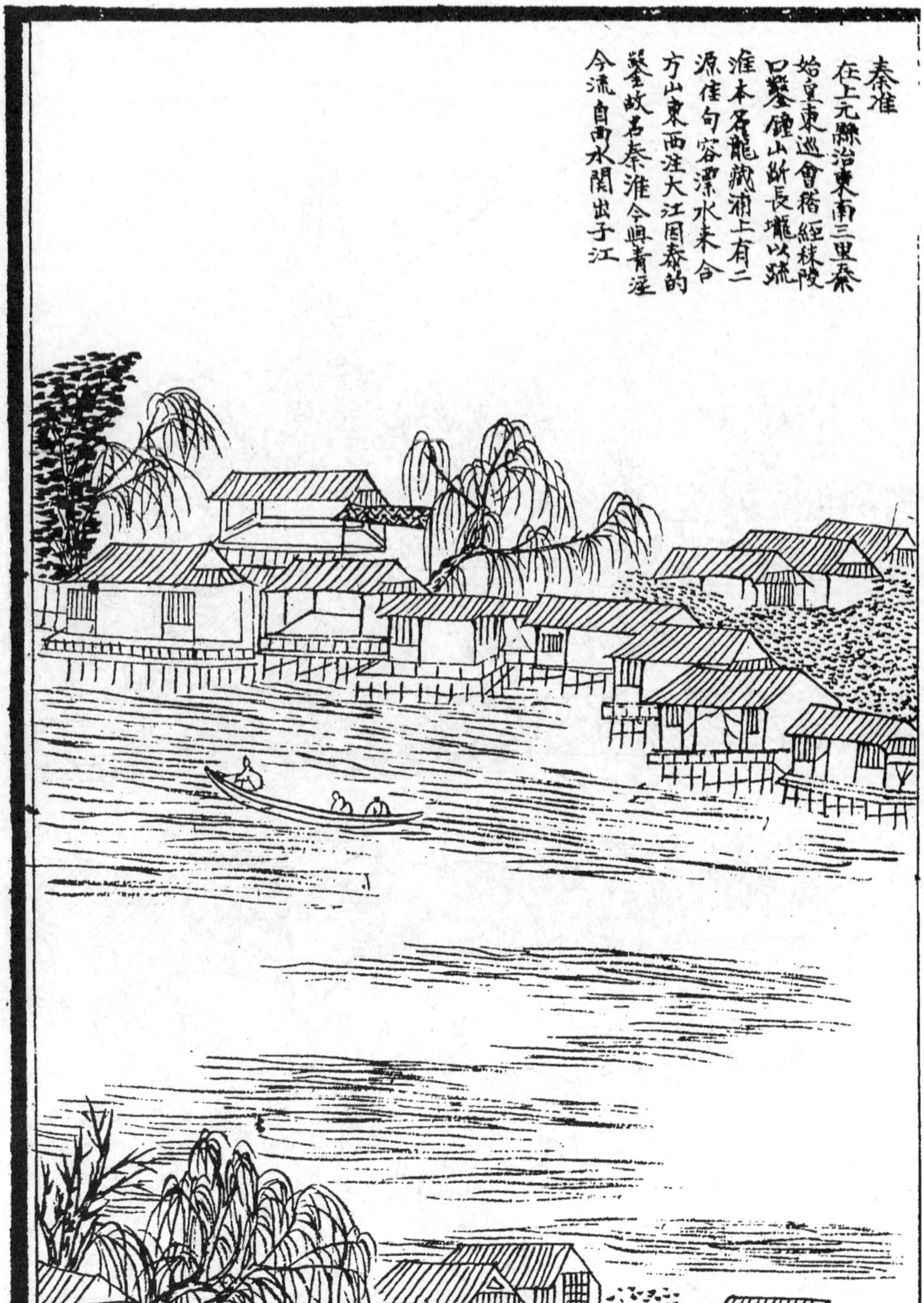
秦淮
在上元縣治東南三里秦
始皇東巡會稽經秣陵
口鑿鍾山斷長壠以疏
淮本名龍藏浦上有二
源准句容溧水来合
方山東西注大江因秦的
鑿故名秦淮今與青溪
今流自西水關出子江

报恩塔 / 选自康熙《江宁府志》

報恩塔
在聚寶門外吳
赤烏間有康居
國異僧来長干
里結茅行道能
致如来舍利孫
權爲建塔奉焉
寺名建初是江
南塔寺之始著名
長干寺宋改天禧
寺明永樂時毀
新恬招之易山今
名其塔最高金
碧琉璃塔光炫
燈中有燭天極
稱壯观
上元後學
岑畫

江宁十二景

石头古渡 / 选自乾隆《江宁县新志》

石頭古渡

牛首凌云 / 选自乾隆《江宁县新志》

牛首凌雲

白鹭遗踪 / 选自乾隆《江宁县新志》

白鷺遺踪

凤凰余迹 / 选自乾隆《江宁县新志》

鳳凰餘跡

莫愁烟雨/ 选自乾隆《江宁县新志》

莫愁烟雨

乌衣旧巷 / 选自乾隆《江宁县新志》

烏衣舊巷

雨花香积/选自乾隆《江宁县新志》

雨花香積

长干故里 / 选自乾隆《江宁县新志》

長干故里

秦淮游船 / 选自乾隆《江宁县新志》

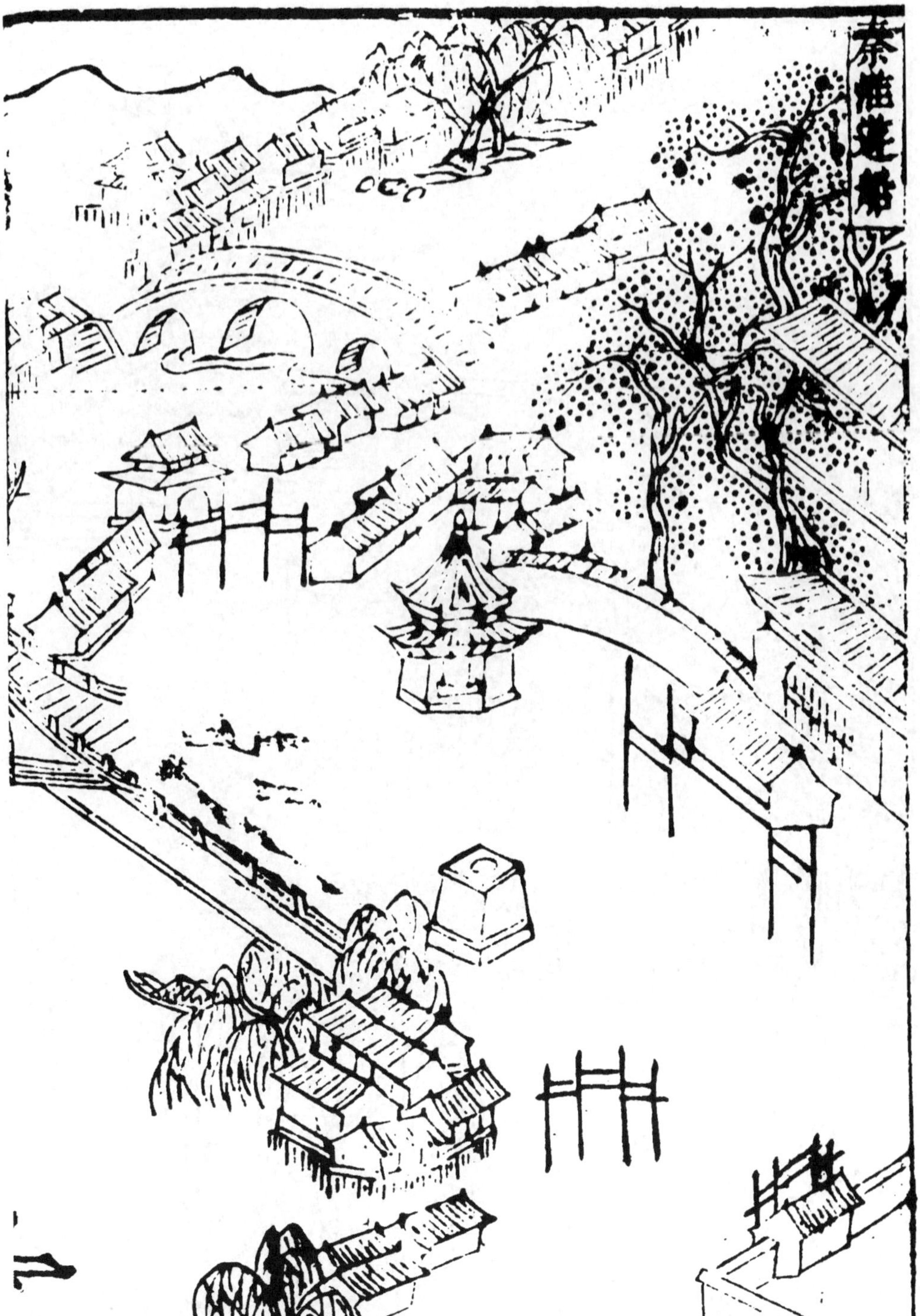
秦淮遊舫

杏村春色 / 选自乾隆《江宁县新志》

杏村春色

龙江浴日 / 选自乾隆《江宁县新志》

龍江浴日

灯塔夜光/选自乾隆《江宁县新志》

光

六合十二景

龙津桥 / 选自乾隆《六合县志》

冶浦桥 / 选自乾隆《六合县志》

冶浦橋

灵岩山 / 选自乾隆《六合县志》

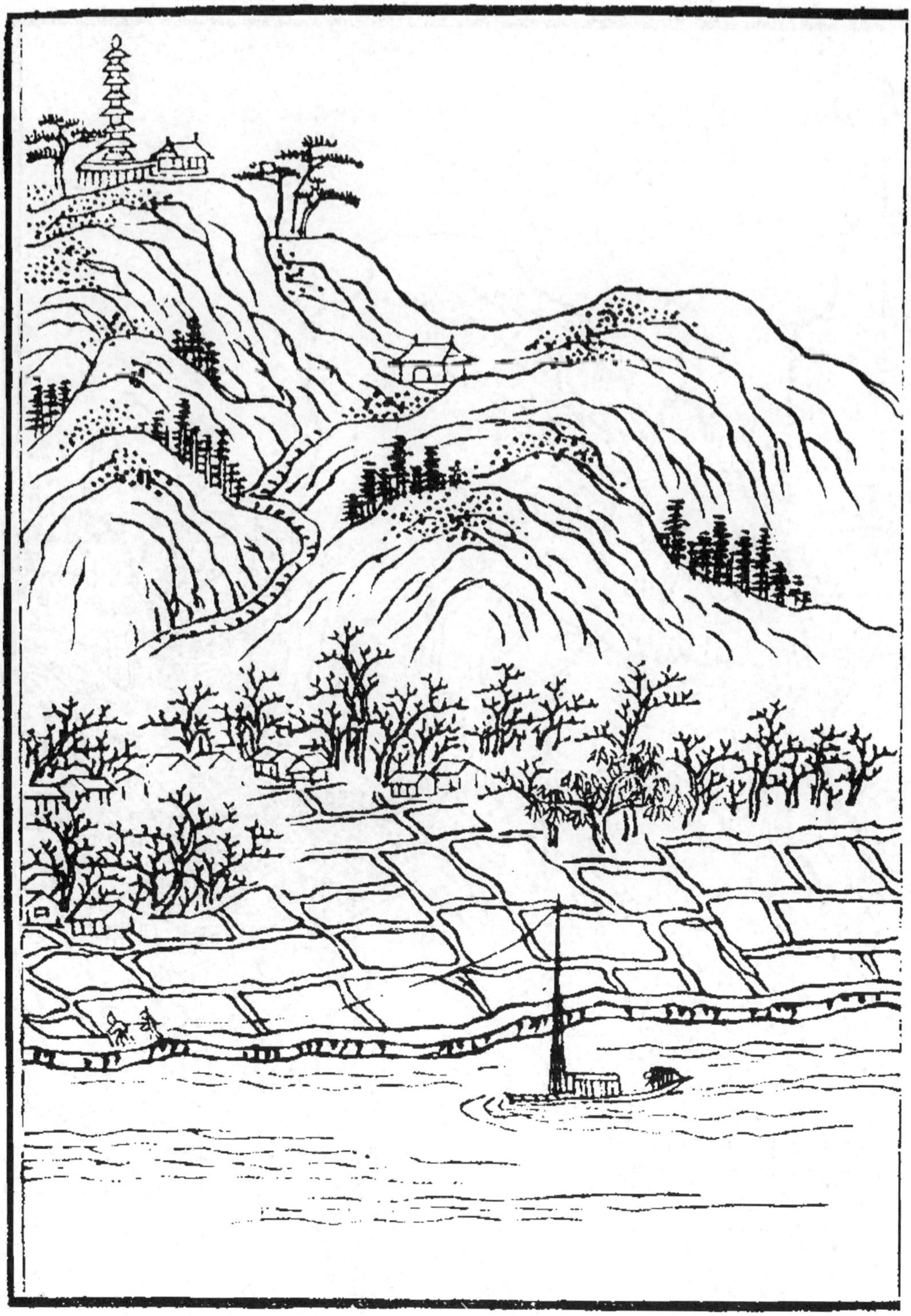

冶山 / 选自乾隆《六合县志》

草塘 / 选自乾隆《六合县志》

草塘

六合山 / 选自乾隆《六合县志》

龙池 / 选自乾隆《六合县志》

龍池

晋王山 / 选自乾隆《六合县志》

晋王山

长芦寺 / 选自乾隆《六合县志》

瓜步山 / 选自乾隆《六合县志》

关圣庙 / 选自乾隆《六合县志》

老梅庵 / 选自乾隆《六合县志》

六合汪榮畫
江寧顧晴崖鐫

中山八景

琛岭神灯/选自乾隆《溧水县志》

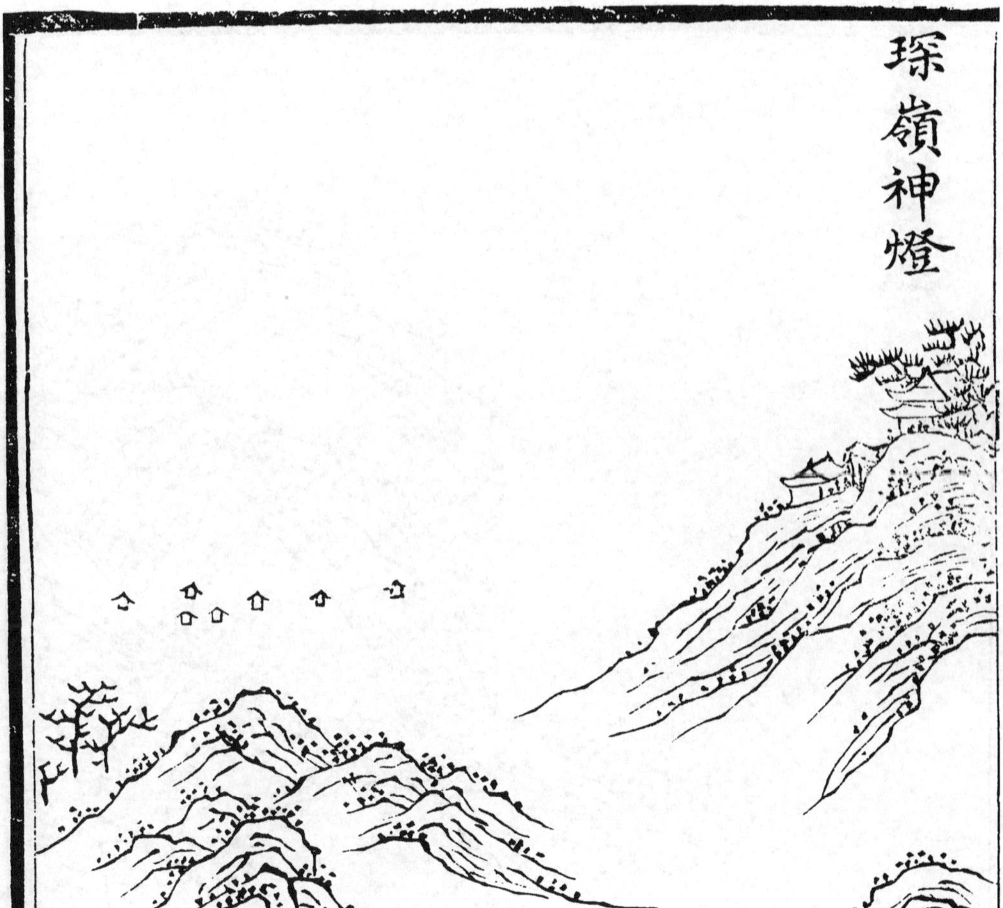
琛嶺神燈

芝山石燕 / 选自乾隆《溧水县志》

观峰耸翠 / 选自乾隆《溧水县志》

觀峯聳翠

龙潭烟雨 / 选自乾隆《溧水县志》

龍潭烟雨

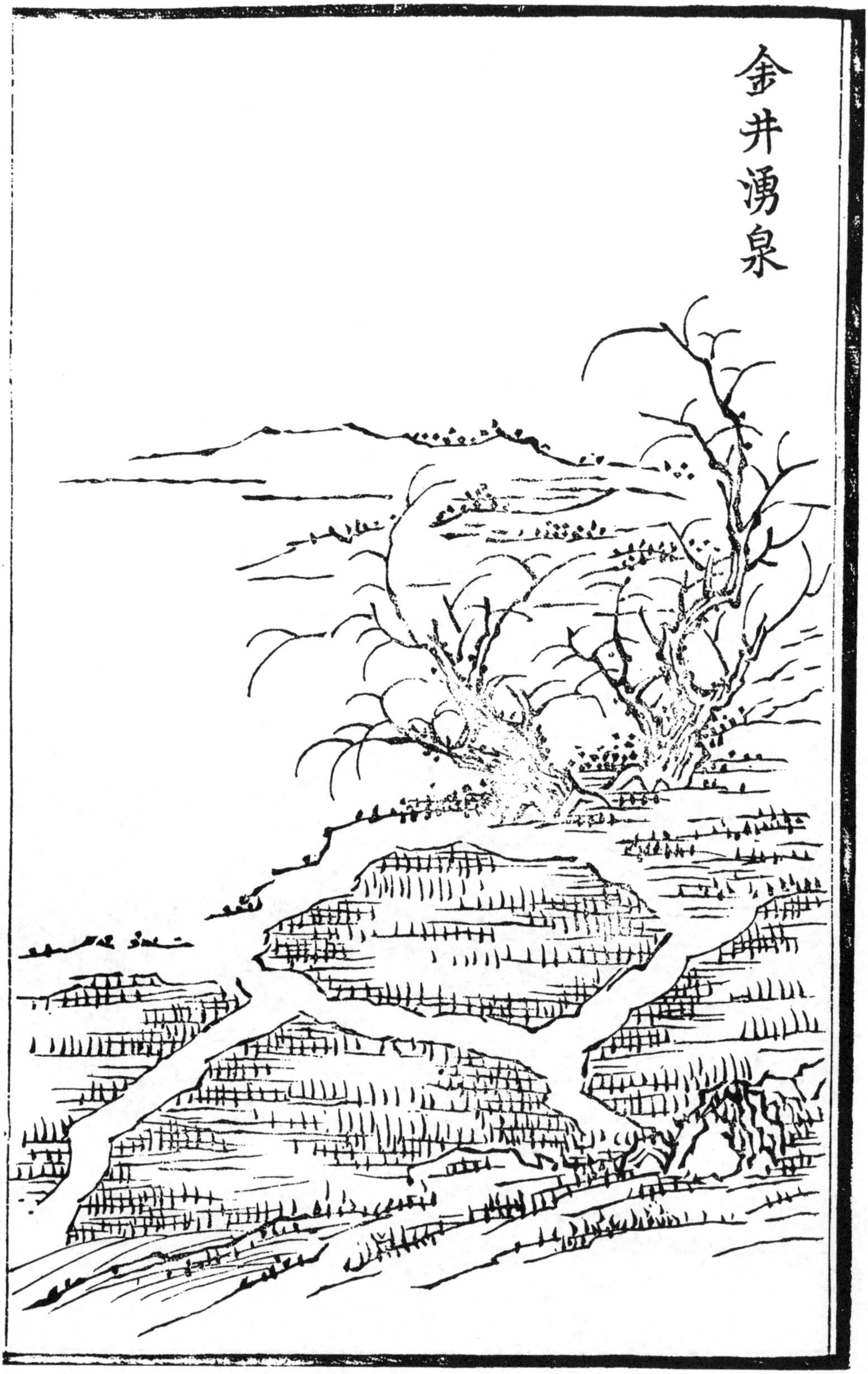

金井涌泉 / 选自乾隆《溧水县志》

洞壁琴音 / 选自乾隆《溧水县志》

东庐叠巘 / 选自乾隆《溧水县志》

東廬疊巘

臼湖渔歌/ 选自乾隆《溧水县志》

臼湖漁歌

淳溪八景

龙潭春涨 / 选自康熙《高淳县志》

东坝晴岚 / 选自康熙《高淳县志》

淳溪八景

丹湖秋月 / 选自康熙《高淳县志》

固城烟雨 / 选自康熙《高淳县志》

花山樵唱/ 选自康熙《高淳县志》

石臼渔歌 / 选自康熙《高淳县志》

石臼渔歌

官河夜泊 / 选自康熙《高淳县志》

保圣晨钟 / 选自康熙《高淳县志》

保聖夜鐘
西陵後學王畬摹畫

澄江八景

石湾春霁 / 选自乾隆《江阴县志》

扬子秋涛／选自乾隆《江阴县志》

蓉城晓烟/选自乾隆《江阴县志》

巫门夜雨 / 选自乾隆《江阴县志》

鹅峰积雪 / 选自乾隆《江阴县志》

奎阁层云 / 选自乾隆《江阴县志》

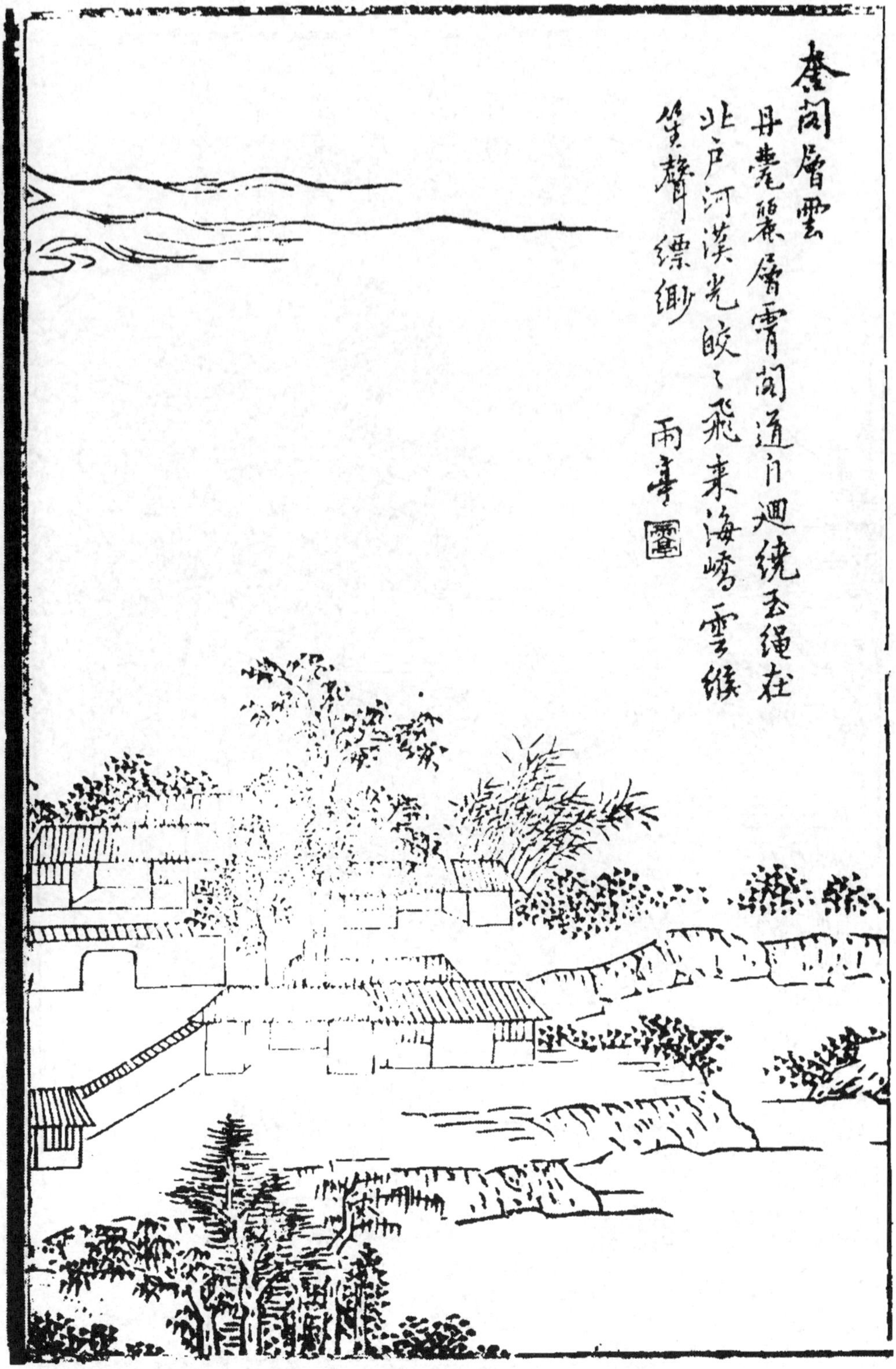
奎閣層雲
丹甍麗層霄閣道门迴繞玉繩在
北户河漢光皎皎飛來海嶠雲緱
笙聲縹緲
雨亭

前湖漾月 / 选自乾隆《江阴县志》

盘石流泉 / 选自乾隆《江阴县志》

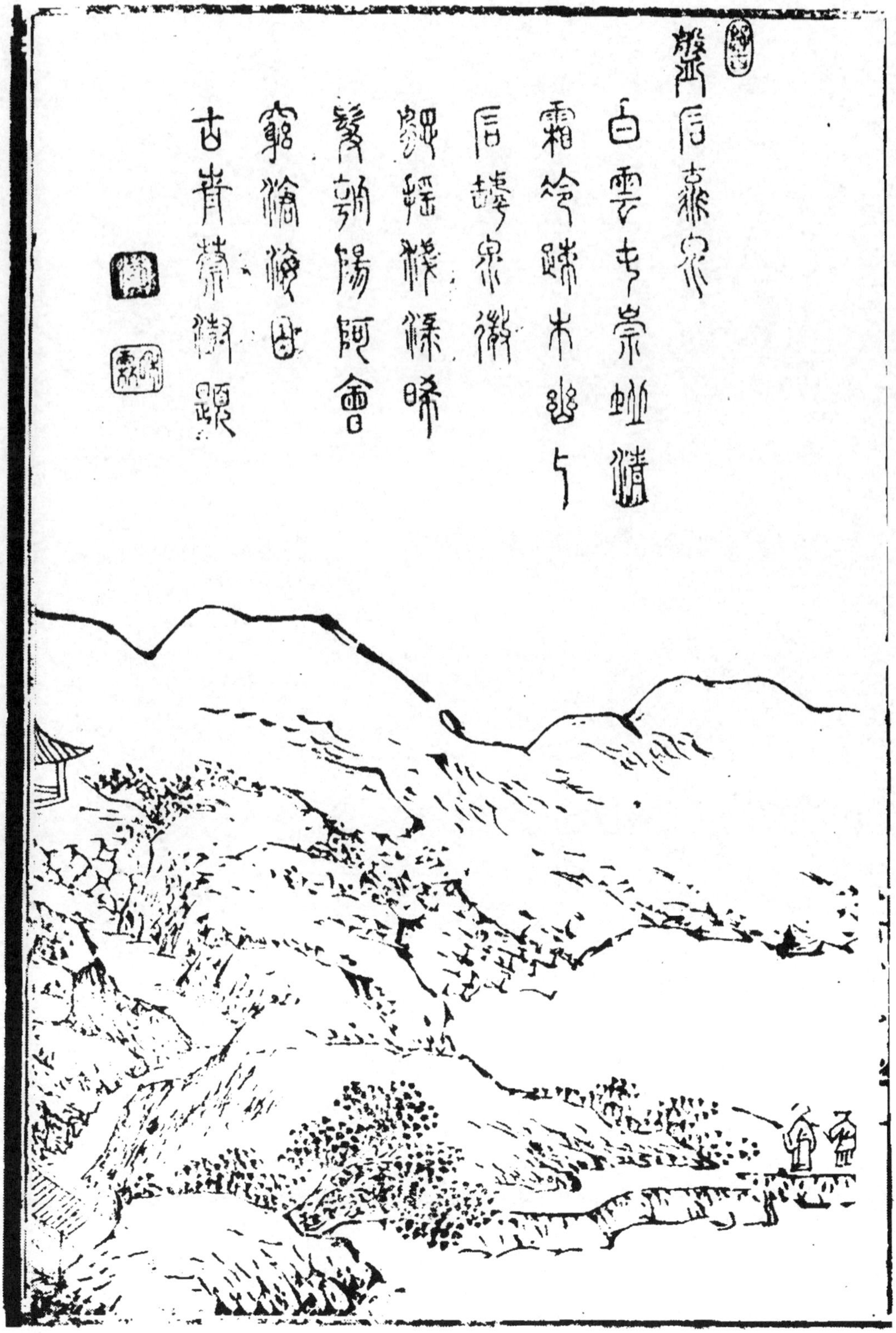

虎丘十景

白堤春泛 / 选自《虎阜志》

青山橋
白公隄

莲池清馥 / 选自《虎阜志》

生公講臺
釣月磯

可中玩月 / 选自《虎阜志》

海峰雪霁 / 选自《虎阜志》

御碑亭

风壑云泉 / 选自《虎阜志》

平林远野 / 选自《虎阜志》

石涧养鹤 / 选自《虎阜志》

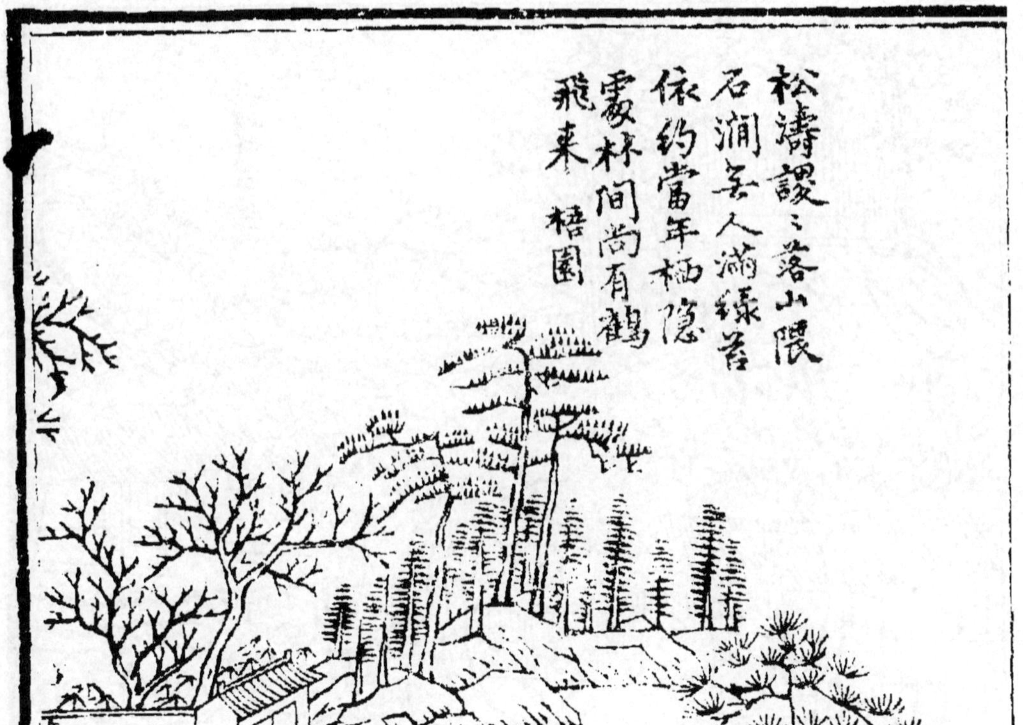
松濤謖謖落山隈
石澗無人滿綠苔
依約當年栖隱
處林間尚有鶴
飛來 梧園

书台松影 / 选自《虎阜志》

小吴晚眺 / 选自《虎阜志》

雨晴林壑晚蒼〻愛
此軒楣踞上方禪榻
從來塵外賞山僧
留客話斜陽
梧園并題

西溪环翠/ 选自《虎阜志》

虎丘十景

穹窿山八景

同岭 / 选自《穹窿山志》

白马岭 / 选自《穹窿山志》

断碑／选自《穹窿山志》

双膝泉 / 选自《穹窿山志》

百丈泉 / 选自《穹窿山志》

柱杖泉 / 选自《穹窿山志》

梅泉 / 选自《穹窿山志》

乌龙潭 / 选自《穹窿山志》

吴江十景

石湖胜概 / 选自康熙《吴江县志》

石湖勝概

莺湖胜概/ 选自康熙《吴江县志》

鴛湖勝概

具区云涛 / 选自康熙《吴江县志》

具區雲濤

洞庭白云 / 选自康熙《吴江县志》

洞庭白雲

简村远帆 / 选自康熙《吴江县志》

鲈乡烟雨 / 选自康熙《吴江县志》

垂虹夜月 / 选自康熙《吴江县志》

垂虹夜月

雪滩钓艇 / 选自康熙《吴江县志》

塔寺钟声 / 选自康熙《吴江县志》

逾寺鐘聲

龙湫甘泉 / 选自康熙《吴江县志》

松陵八景

雪滩钓艇　简村远帆 / 选自弘治《吴江志》

塔寺朝阳　龙湫甘泉 / 选自弘治《吴江志》

西山爽气　具区云涛 / 选自弘治《吴江志》

垂虹夜月　鲈乡烟雨 / 选自弘治《吴江志》

黎川八景

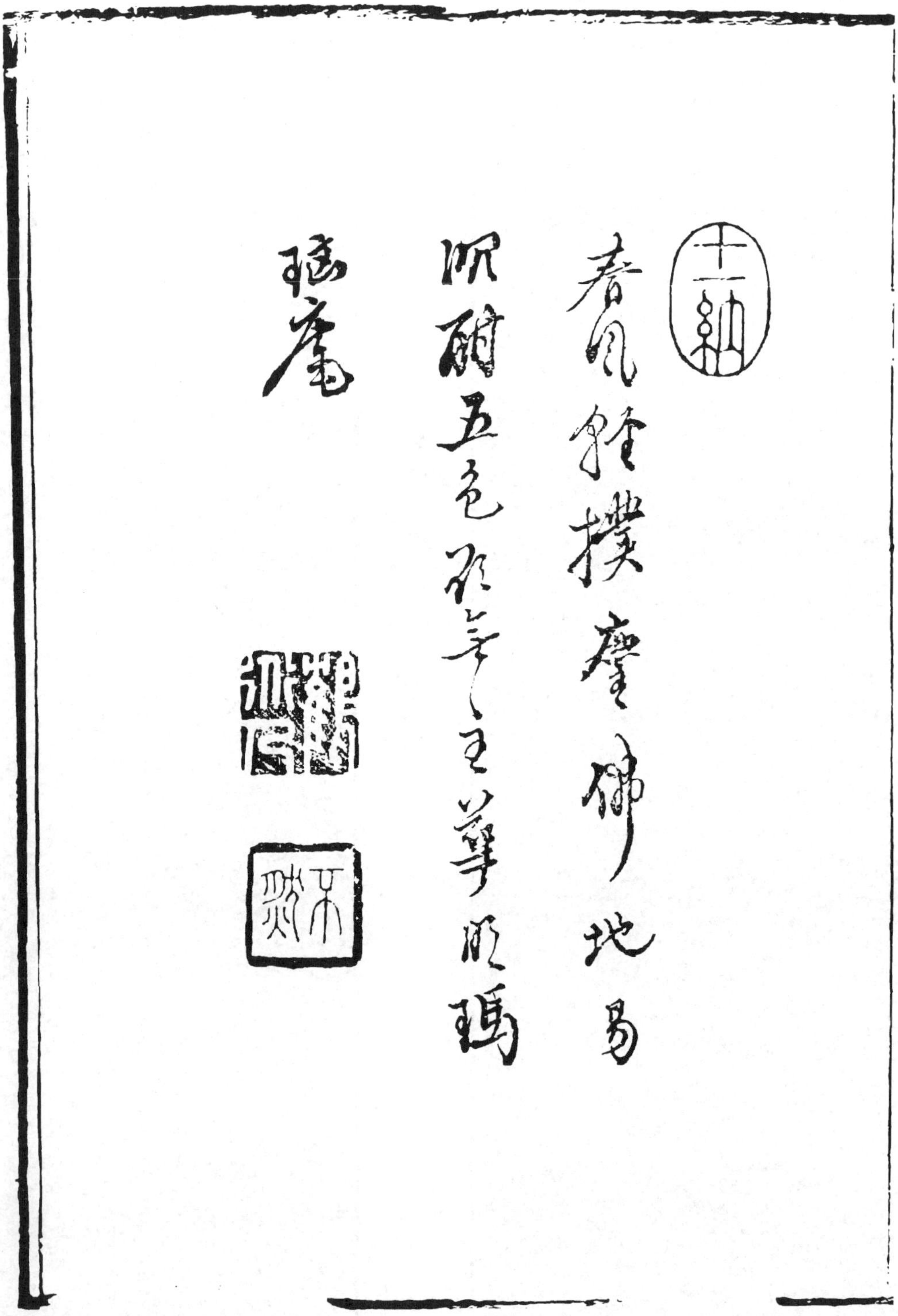

玛瑙春游 / 选自嘉庆《黎里志》

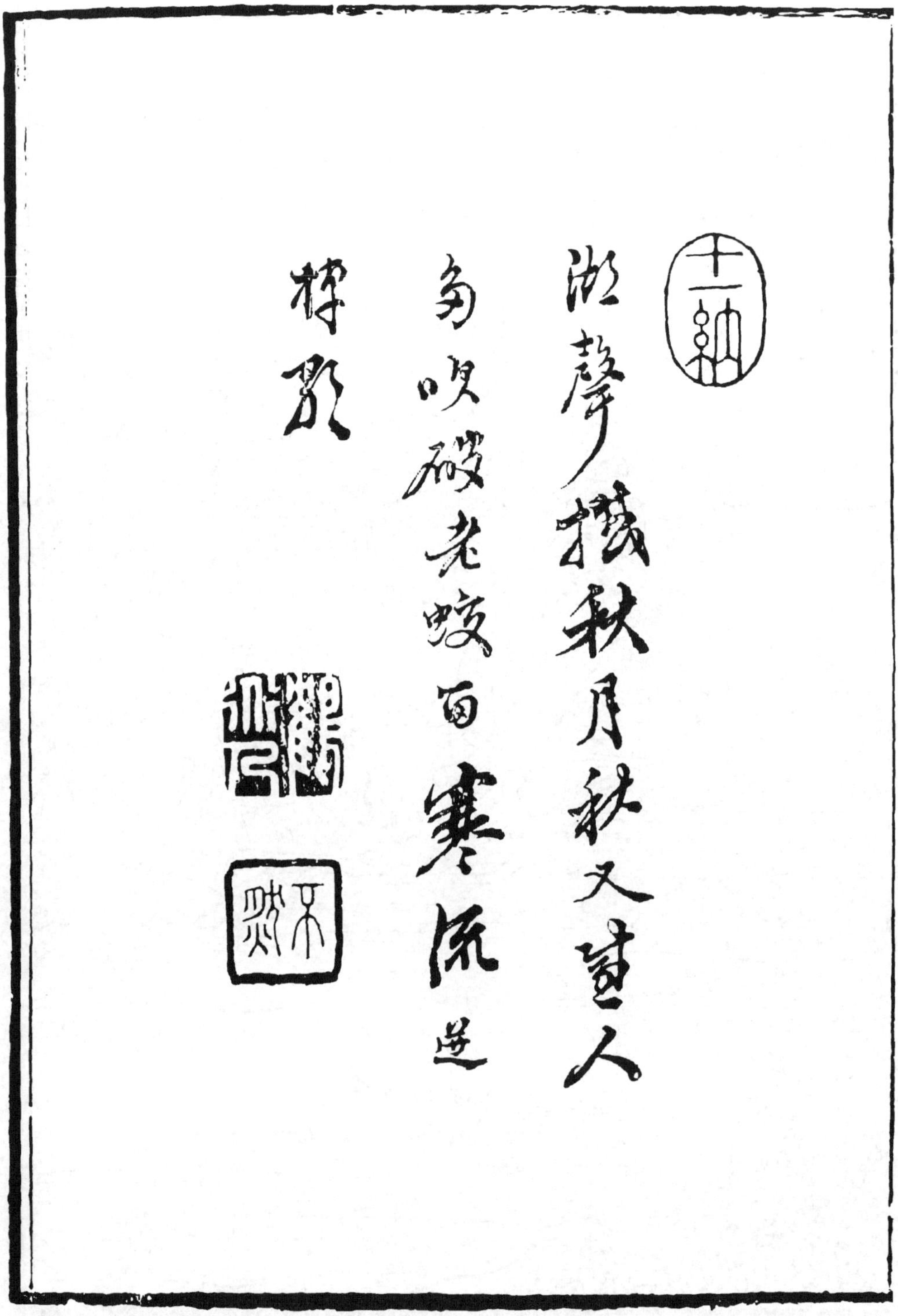

禊湖秋月 / 选自嘉庆《黎里志》

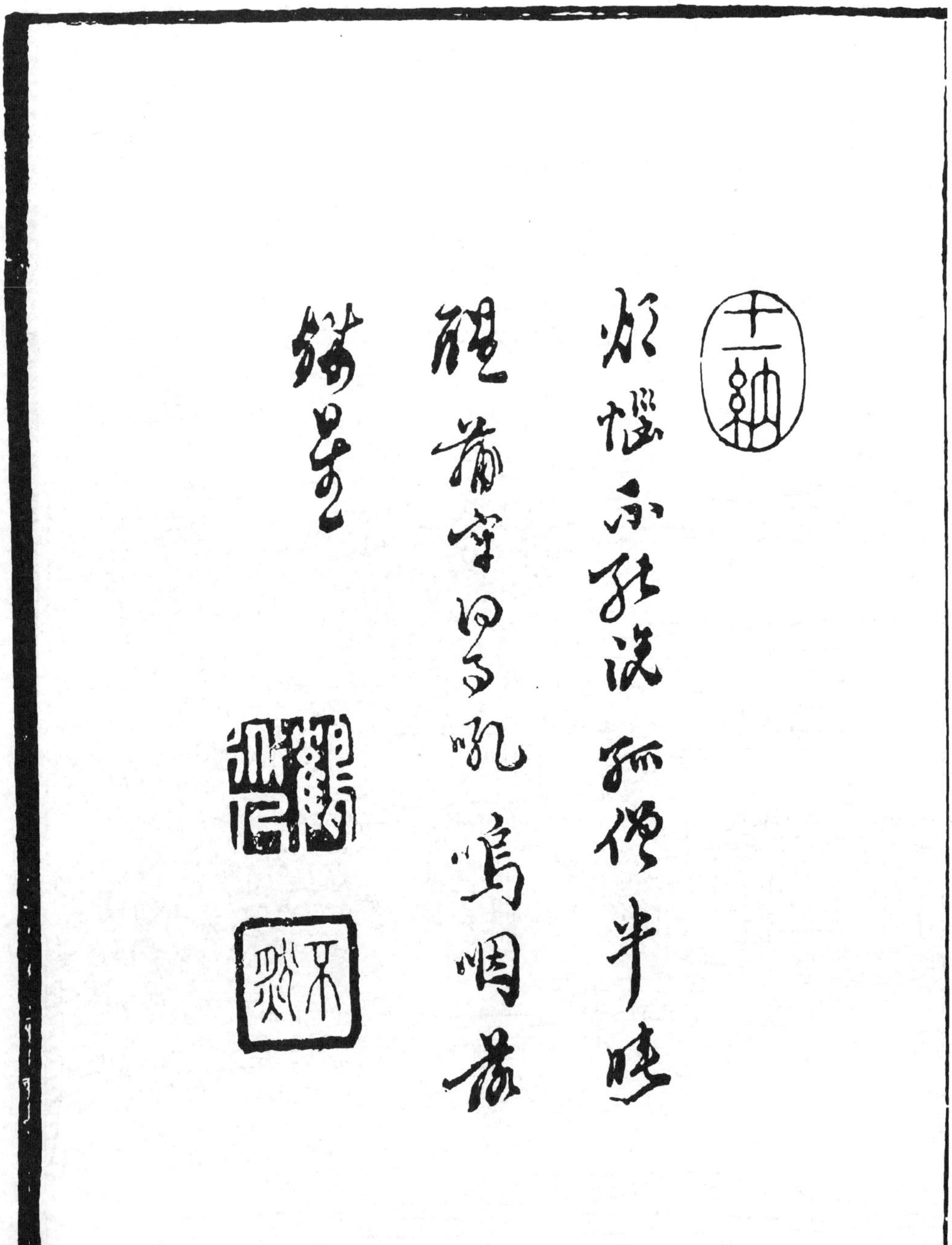

罗汉晓钟 / 选自嘉庆《黎里志》

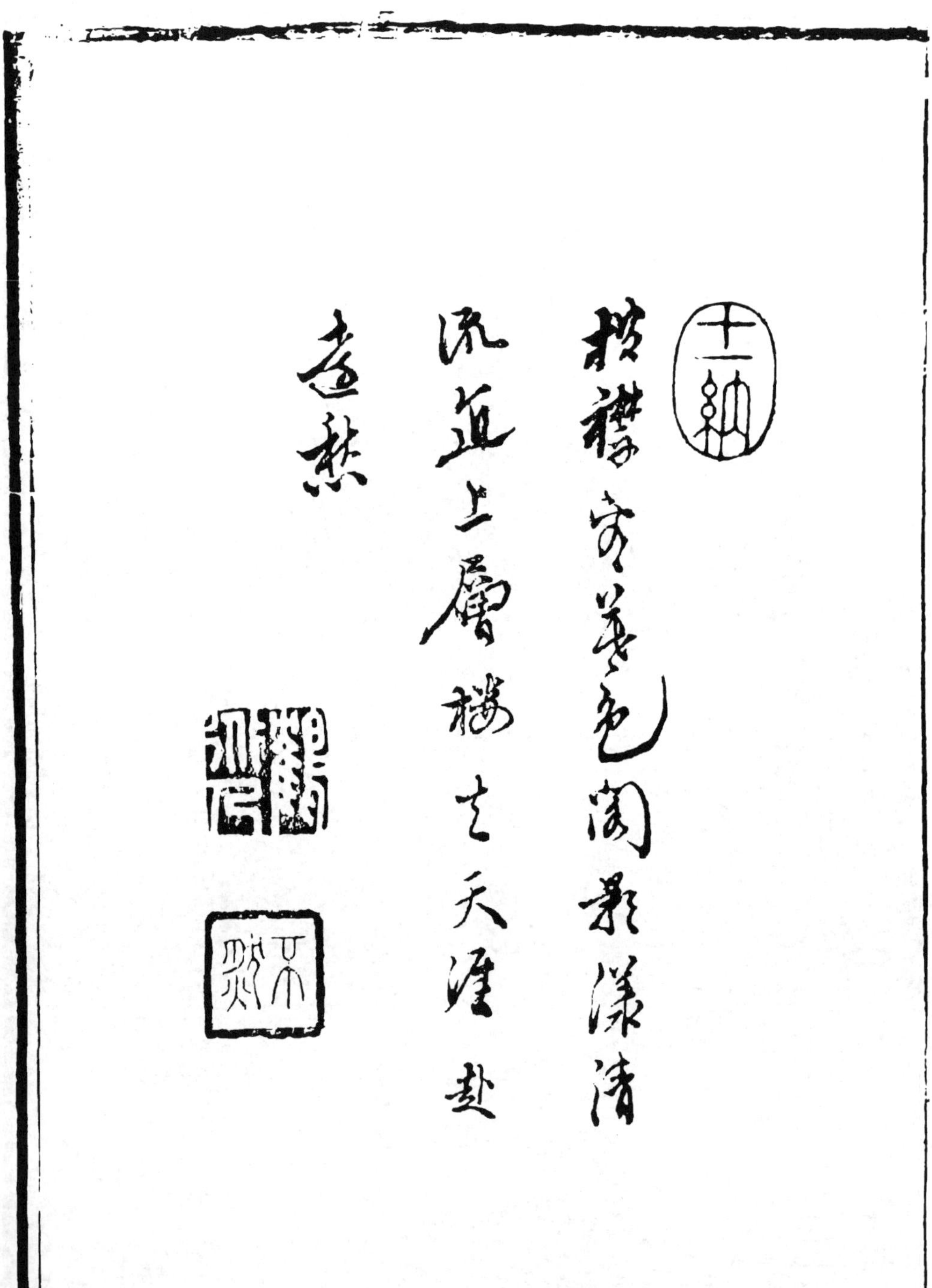

中立晚眺 / 选自嘉庆《黎里志》

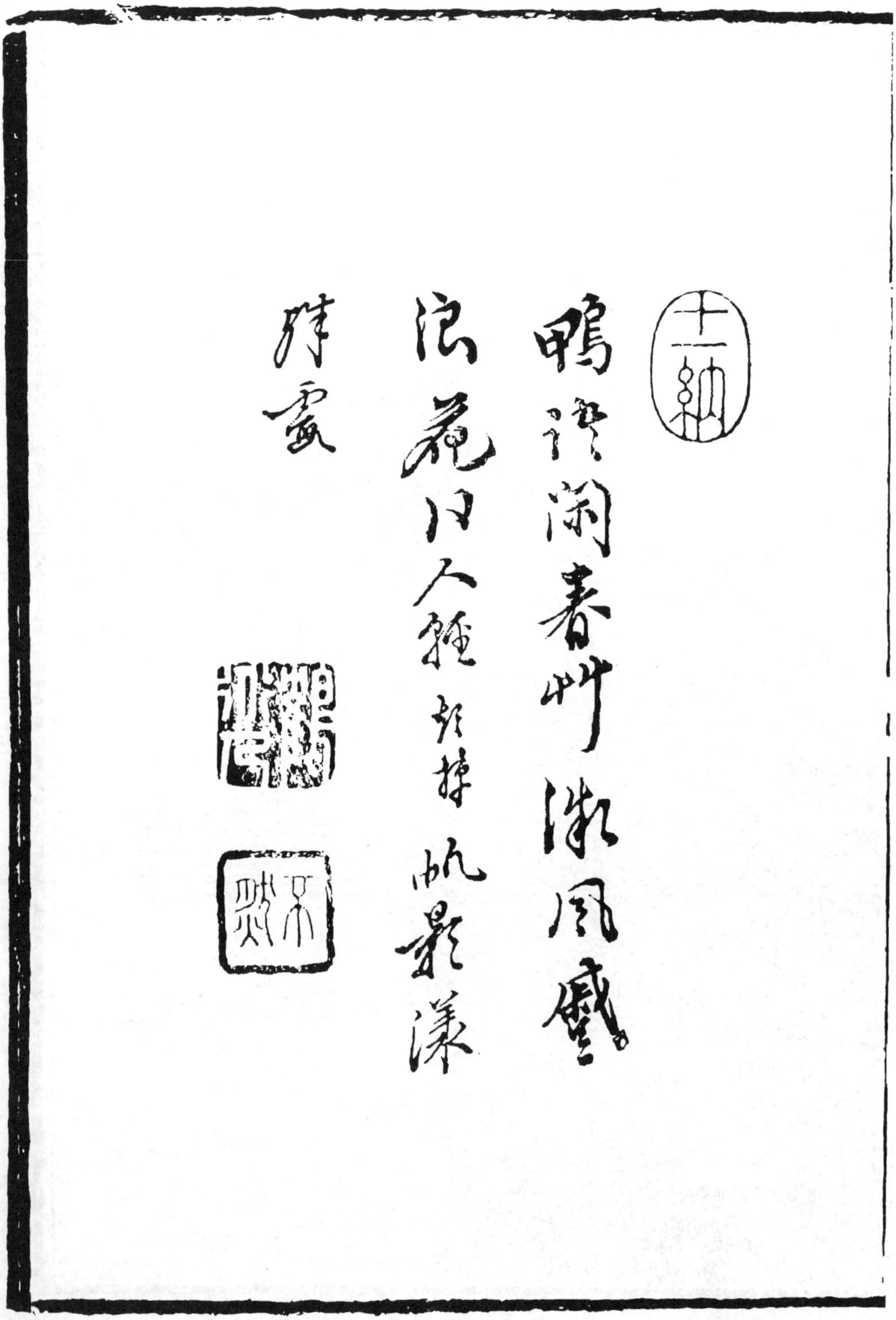

鸭栏帆影 / 选自嘉庆《黎里志》

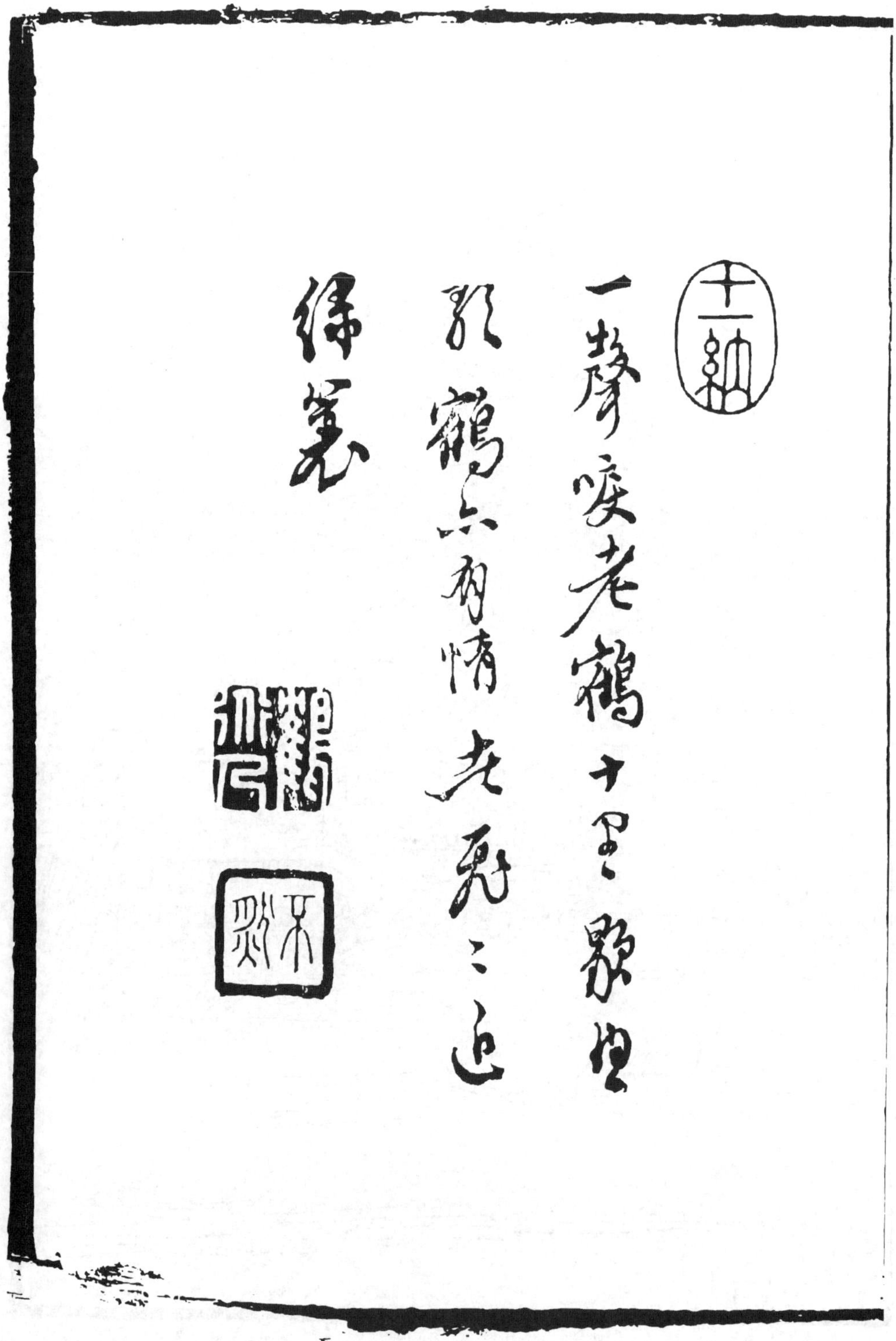

鹤渚渔歌／选自嘉庆《黎里志》

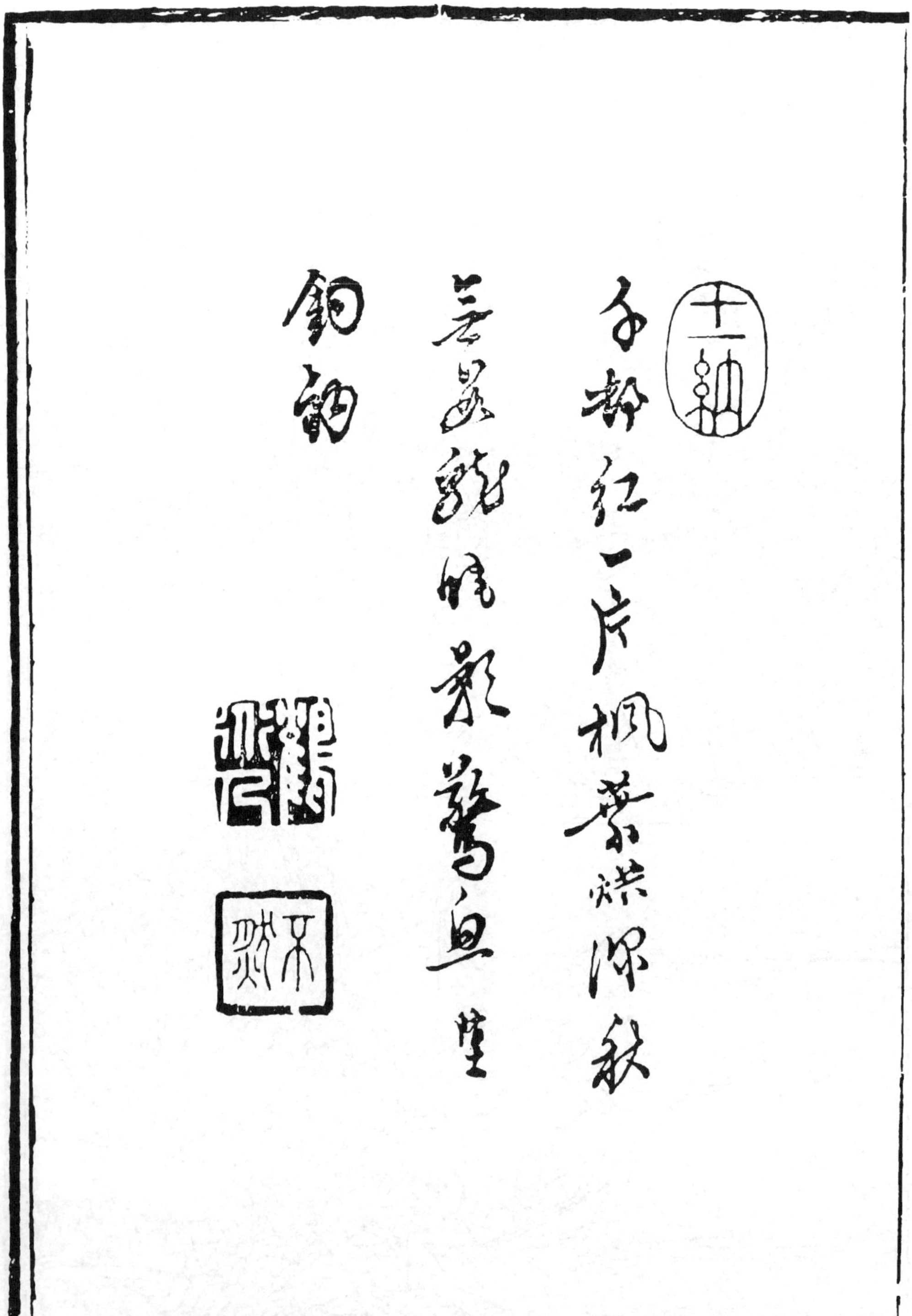

江村夕照 / 选自嘉庆《黎里志》

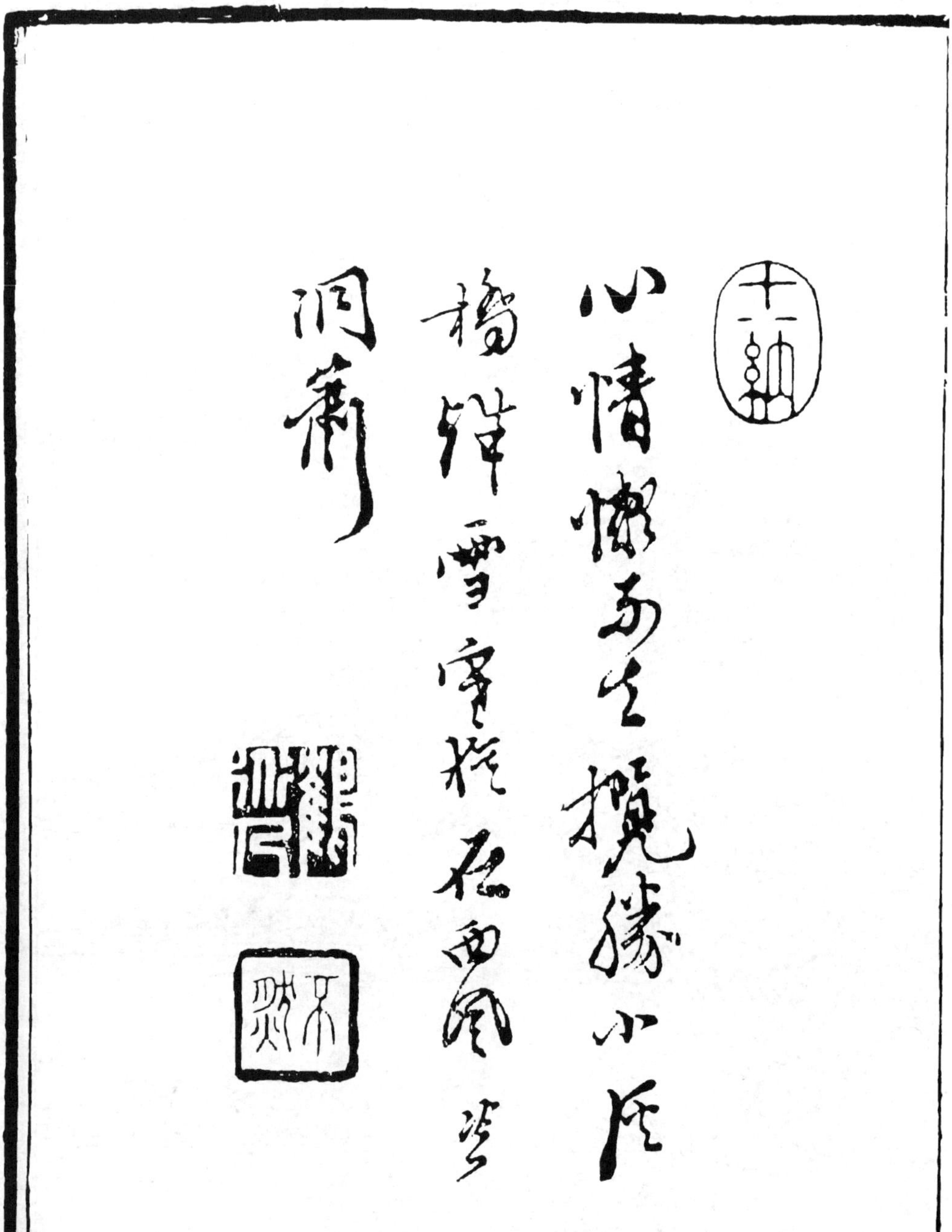

揽桥残雪 / 选自嘉庆《黎里志》

平望八景

殊胜晓钟 / 选自光绪《平望续志》

莺湖夜月 / 选自光绪《平望续志》

远浦归帆 / 选自光绪《平望续志》

溪桥野店 / 选自光绪《平望续志》

頔塘跃马 / 选自光绪《平望续志》

驿楼览胜 / 选自光绪《平望续志》

元真仙迹 / 选自光绪《平望续志》

桑磐渔舍 / 选自光绪《平望续志》

震泽八景

具区云涛/选自乾隆《震泽县志》

具區雲濤

西山爽气 / 选自乾隆《震泽县志》

西山爽氣
湖上連崗翠
色濃雲遮霧
籠隱疎鐘秋
風颼起青蘋
末歷歷橫山
頂上松

梅里春花/选自乾隆《震泽县志》

梅里春花

平沙落雁/选自乾隆《震泽县志》

平沙落雁
楓葉紅如錦蘆
花白似綿謀粱
天際鴈陣陣落
湖邊

简村远帆 / 选自乾隆《震泽县志》

簡村遠帆

麻漾渔歌 / 选自乾隆《震泽县志》

麻漾漁歌
苕霅西來水
最清茭萍菱
芰繞江橫得
魚便向溪邊
賣半是歌聲
半鼓聲

莺湖秋月 / 选自乾隆《震泽县志》

鶯湖秋月

慈云塔影 / 选自乾隆《震泽县志》

慈雲塔影
四面湖光繞中
流塔影懸荻
塘西去路
事勝耕田

貞丰八景

鯨魚鏗華鐘百八聲聞香衢破鶴林煙
耿〻天光曉蕩水驚眠龍撼樹飛宿鳥
扶桑日初升空際白雲遶耳根證圓通
一悟萬緣了如何戀邯鄲塵夢猶擾〻

右全福曉鐘

全福晓钟 / 选自光绪《周庄镇志》

全福曉鐘

佛閣何崔巍春深足眺望披襟風日和
縱目川原曠菜花紛布金麥穟細搖浪
綠雲罨遠村紅雨漂新漲韶華能幾時
轉眼生惆悵彼岸示指歸恐人昧所向

右指歸春望

指归春望 / 选自光绪《周庄镇志》

指歸春望

洗鉢懷雪公築亭遨游眺軒窗面清池
一抹留斜照林間鴉影翻天末霞光耀
遠山閒畫圖吟客添詩料誦經感優曇
當日枯花笑山水閱滄桑禪心悟空妙
右鉢亭夕照

钵亭夕照 / 选自光绪《周庄镇志》

鉢亭夕照

蜆江打魚舟載網時出沒欸乃柔艣鳴
宛轉清歌發送響度前溪微風生蘋末
家依菰蒲鄉醉眠雲水窟只知天地寬
不愁波浪闊一曲入浦深呼起吳淞月

右蜆江漁唱

蚬江渔唱 / 选自光绪《周庄镇志》

蜆江漁唱

夜遊南湖畔湖面如鏡平圓輝皎秋夕
水月涵空明纖翳不能蔽此境真倏清
蚌珠與蟾彩相鬬誰精瑩光騰星斗掩
影射魚龍驚惜無海岸槎萬里乘風行
右南湖秋月

南湖秋月 / 选自光绪《周庄镇志》

南湖秋月

翩〻隨陽雁来自天一涯江南稻粱足
何處不可家莊田少人迹四圍叢蒹葭
呼羣此棲託矰繳知無加半鉤遊新月
數點飛落霞琴絃如欲寫按譜翻平沙

右莊田落雁

庄田落雁 / 选自光绪《周庄镇志》

莊田落雁

急水滙衆流通道走百瀆連檣掛輕帆
乘風勢更速排如雁聯行駛如馬逸足
斜拖出岫雲倒捲奔崖瀑前程縱無阻
欹側駭旁矚回看釣魚船安穩江干宿
右急水揚帆

急水扬帆／选自光绪《周庄镇志》

急水揚帆

散盡粟千倉積成雪萬頃荒基舊東莊
似幻繁華景闌聳白銀高窗封雲母冷
瑤臺十二層咫尺皆仙境寒鴉曉不啼
老鶴棲還警尋梅來陌頭思發歌楚郢
右東莊積雪
陶煦

东庄积雪 / 选自光绪《周庄镇志》

東莊積雪
陶壽

宝应十二景

湖山云起 / 选自康熙《宝应县志》

湖山雲起圖

水村布谷 / 选自康熙《宝应县志》

水村布穀圖

春帆上闸 / 选自康熙《宝应县志》

春帆上閘圖

晴湖晒网 / 选自康熙《宝应县志》

晴湖曬網圖

荻洲起雁 / 选自康熙《宝应县志》

荻洲起鴈圖

清溪落鹭/选自康熙《宝应县志》

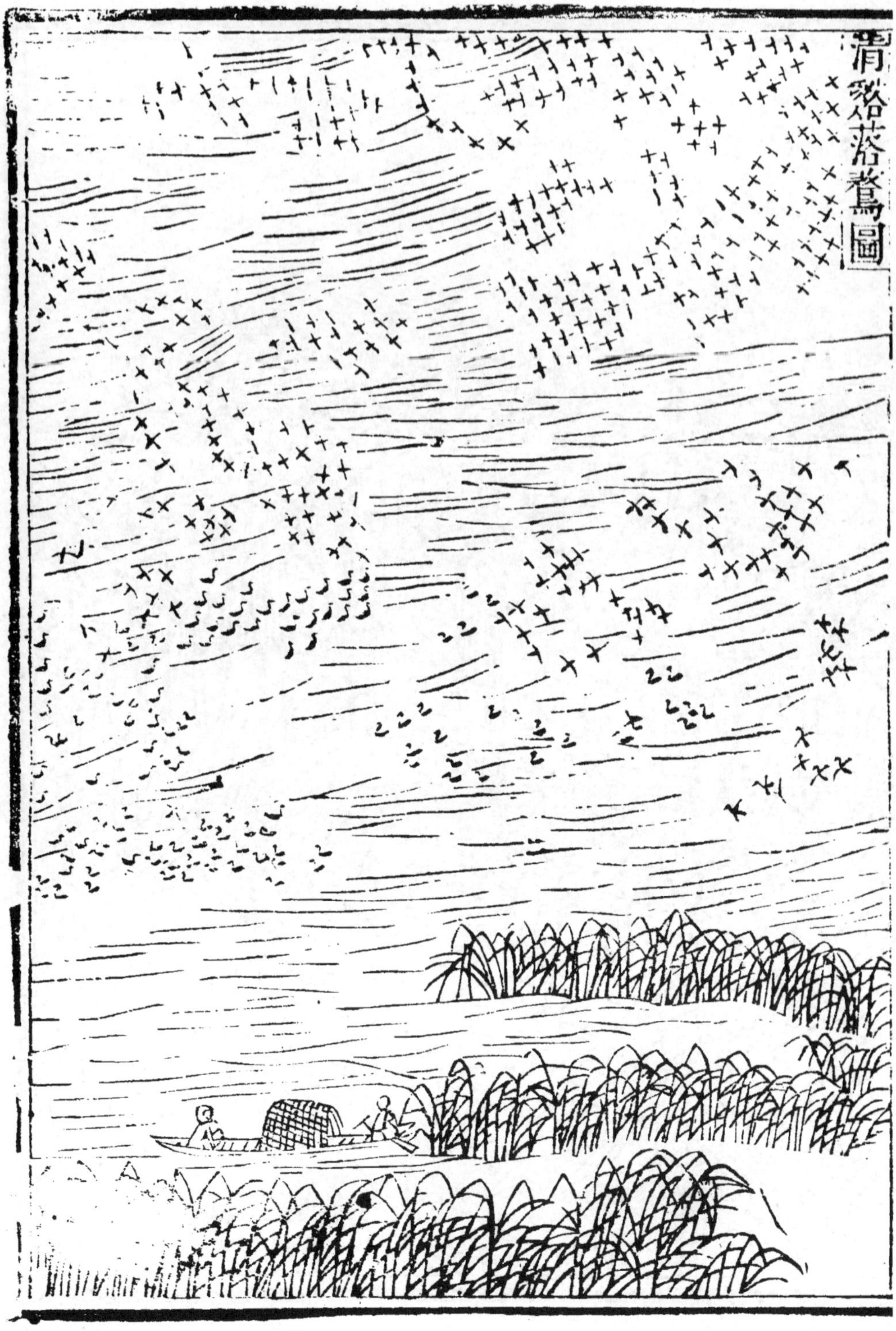
清谿落鷺圖

松冈载酒 / 选自康熙《宝应县志》

松岡載酒圖

柳岸闻莺 / 选自康熙《宝应县志》

柳岍聞鶯圖

莲叶接天／选自康熙《宝应县志》

蓮葉接天圖

画川别业／选自康熙《宝应县志》

畫川別業圖

中流箫鼓 / 选自康熙《宝应县志》

中流簫鼓圖

霜林晓发 / 选自康熙《宝应县志》

霜林晚發圖

扬州八景

梅岭春深／选自《广陵名胜图》

梅嶺春深

城闉清梵 / 选自《广陵名胜图》

城闉清梵

丰市层楼 / 选自《广陵名胜图》

豐市層樓

堞云春暖/选自《广陵名胜图》

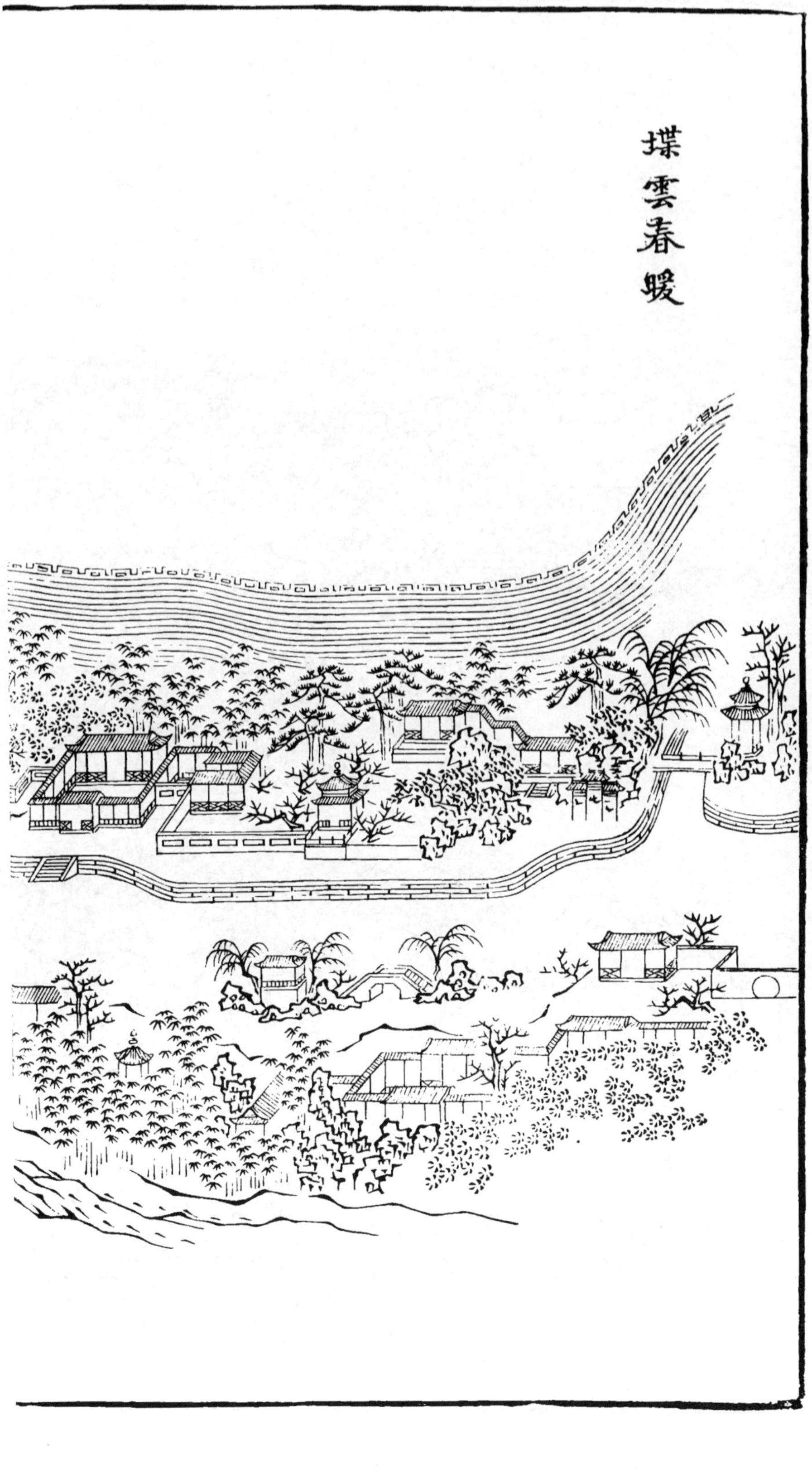
堞雲春暖

香海慈云 / 选自《广陵名胜图》

香海慈雲

西园曲水 / 选自《广陵名胜图》

西園曲水

柳湖春泛 / 选自《广陵名胜图》

柳湖春汎

长堤春柳 / 选自《广陵名胜图》

長隄春柳

古海陵十六景

古教场 / 选自咸丰《古海陵县志》

東煙墩
東至如皋縣四十五里

青龙闸 / 选自咸丰《古海陵县志》

大殿

鸥鸟塘 / 选自咸丰《古海陵县志》

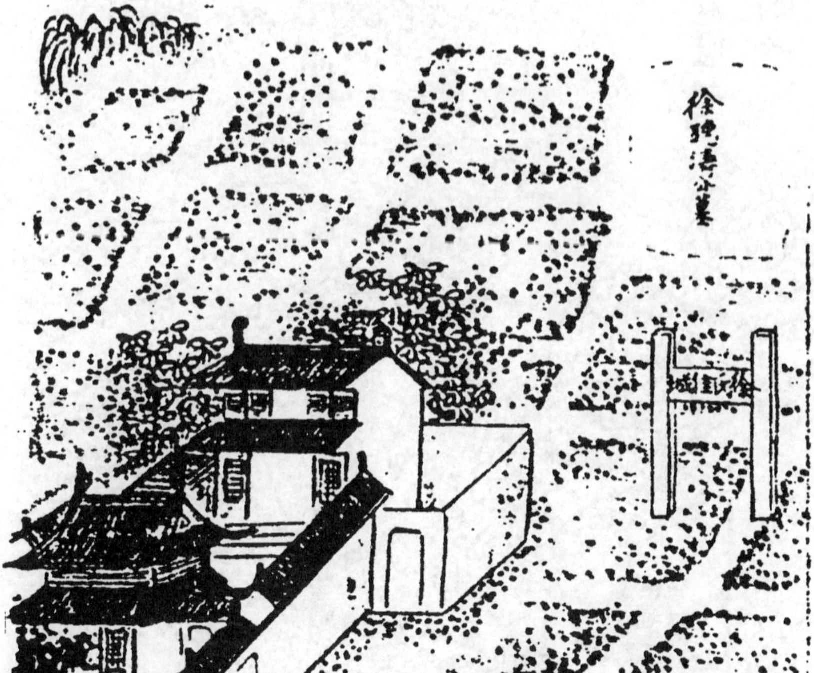

泰宁门/选自咸丰《古海陵县志》

新河
大門
土地祠

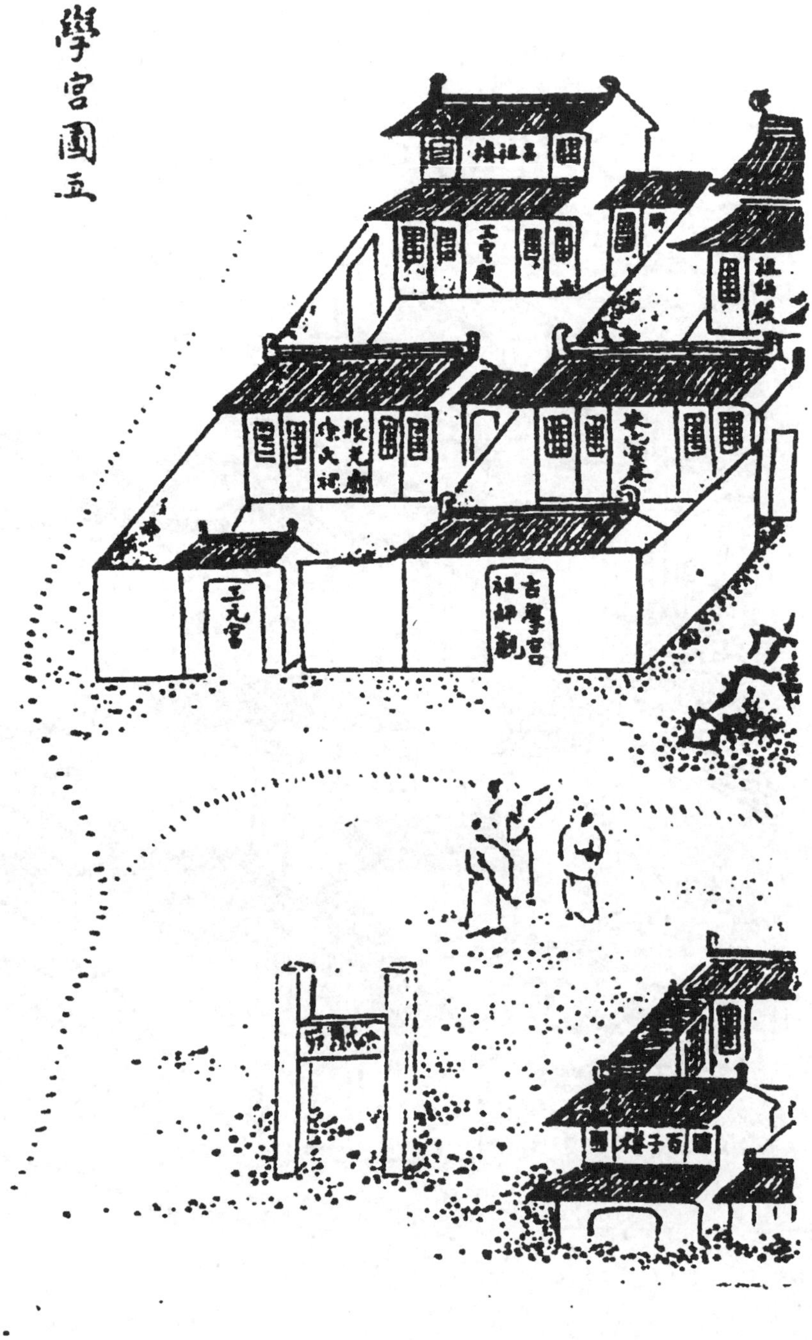

学宫 / 选自咸丰《古海陵县志》

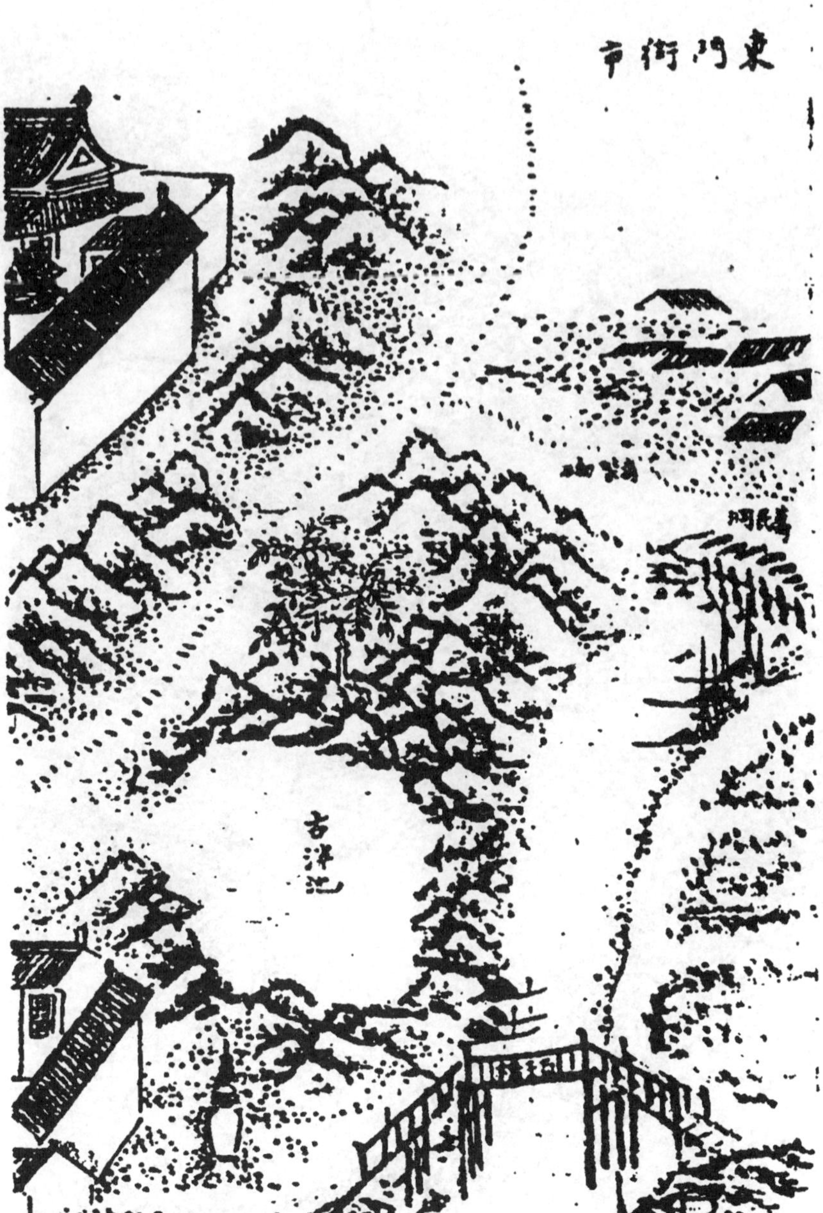
東門街市
萬民門
古津池

广福教寺 / 选自咸丰《古海陵县志》

廣福教寺圖六

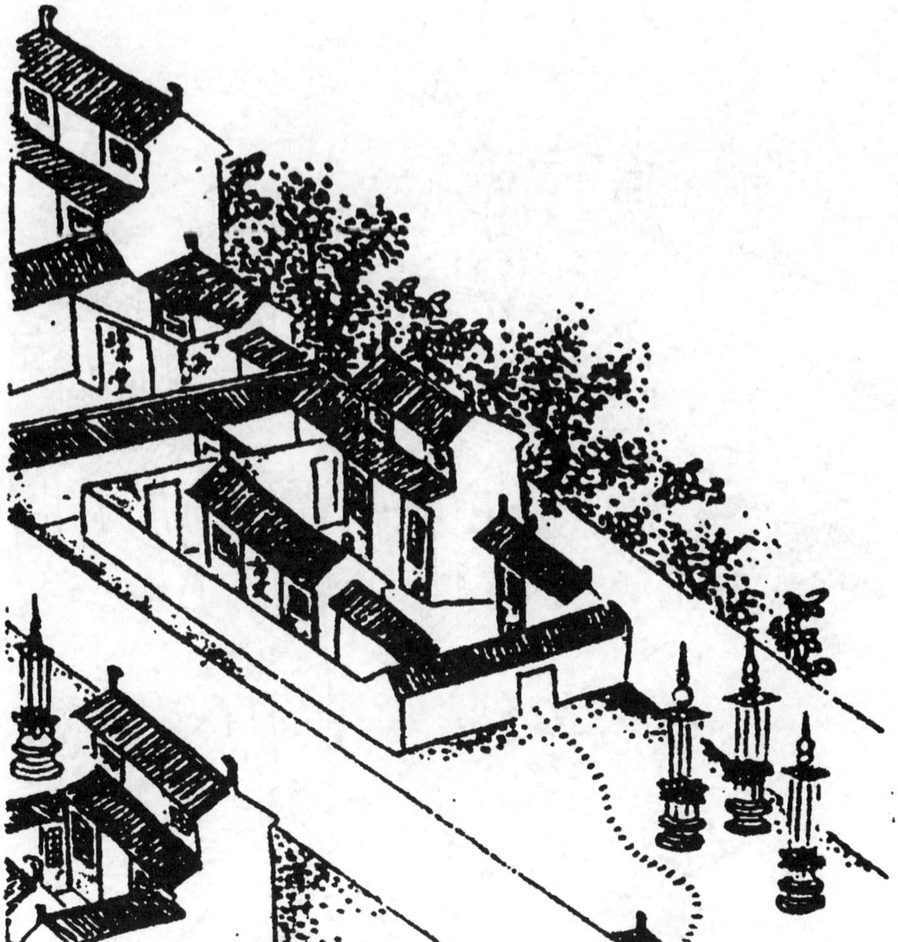

东岳行宫 / 选自咸丰《古海陵县志》

東嶽行宮
東嶽廟牆

八圖山鳳

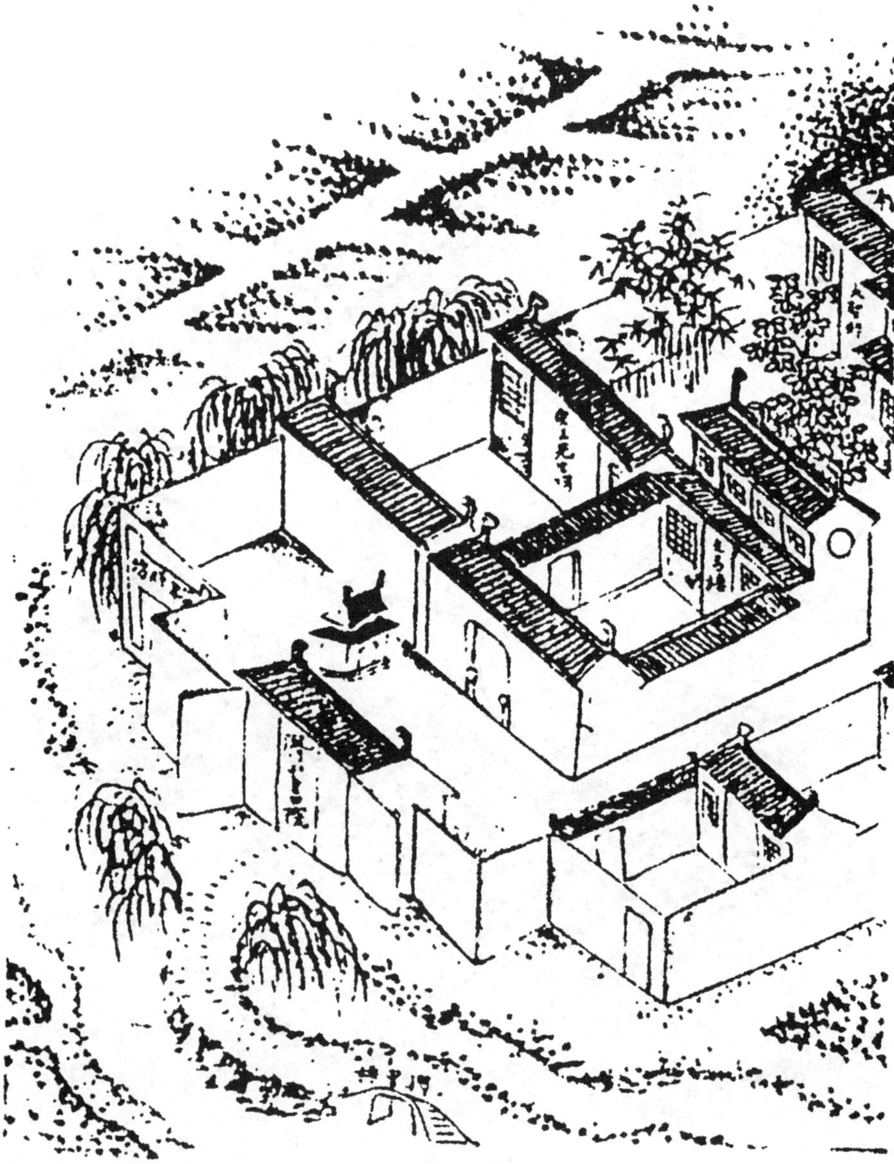

凤山 / 选自咸丰《古海陵县志》

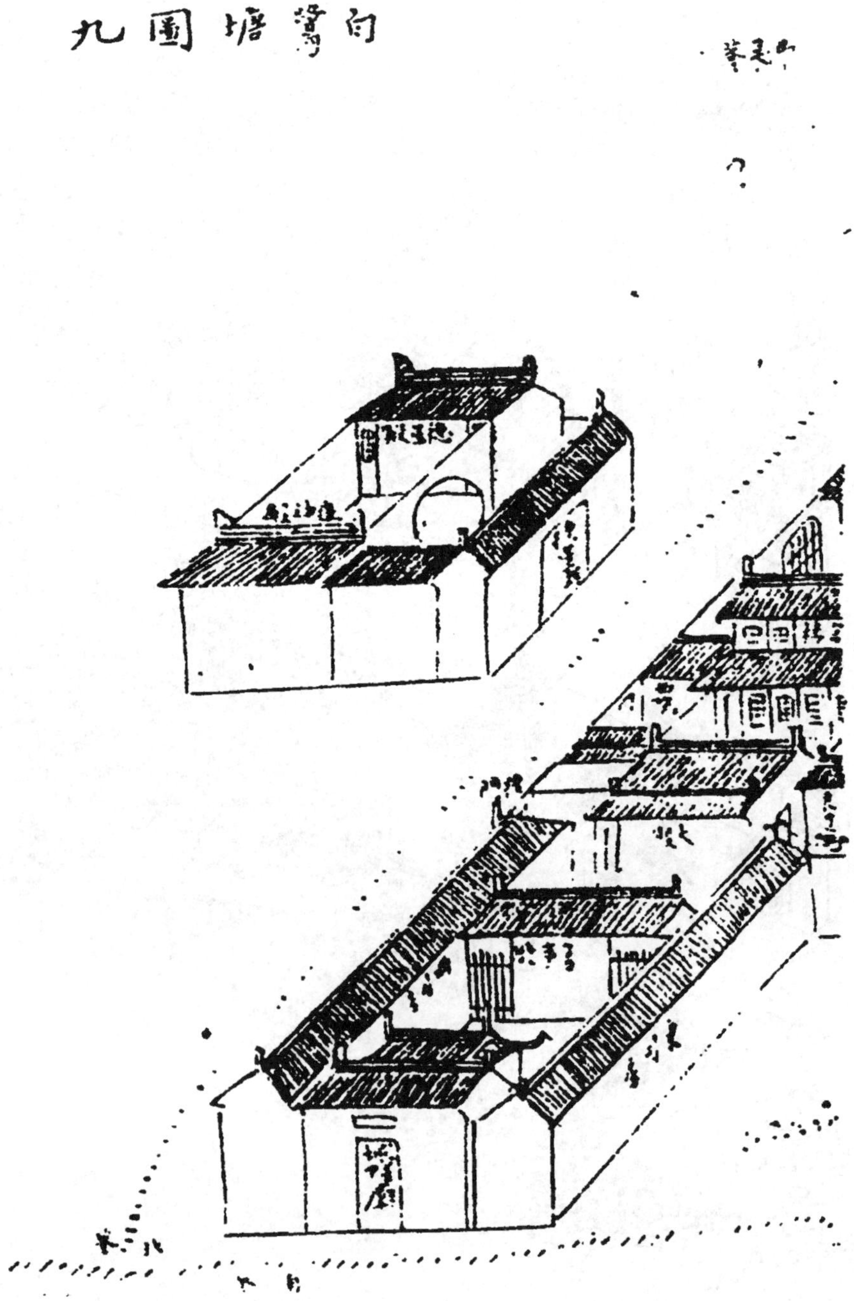

白鹭塘/选自咸丰《古海陵县志》

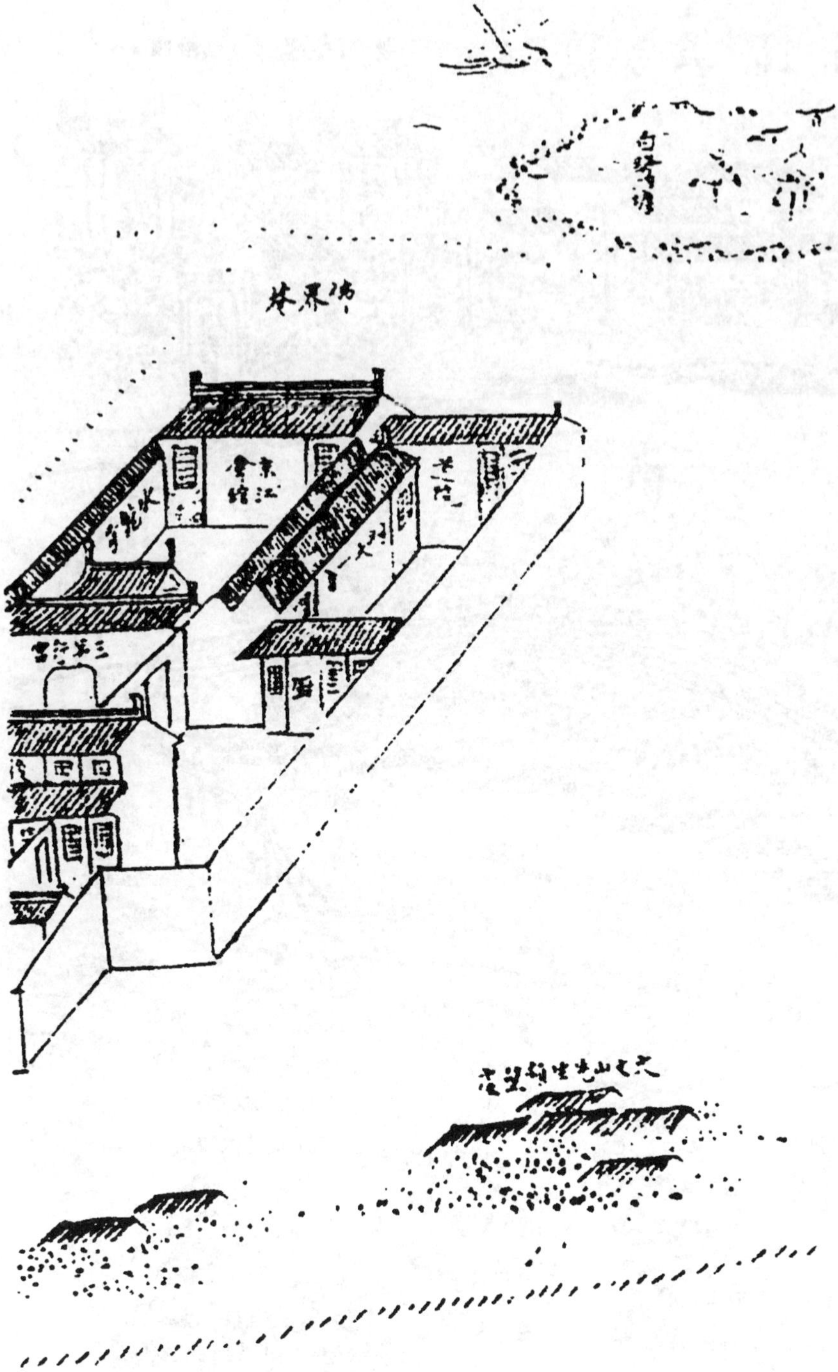

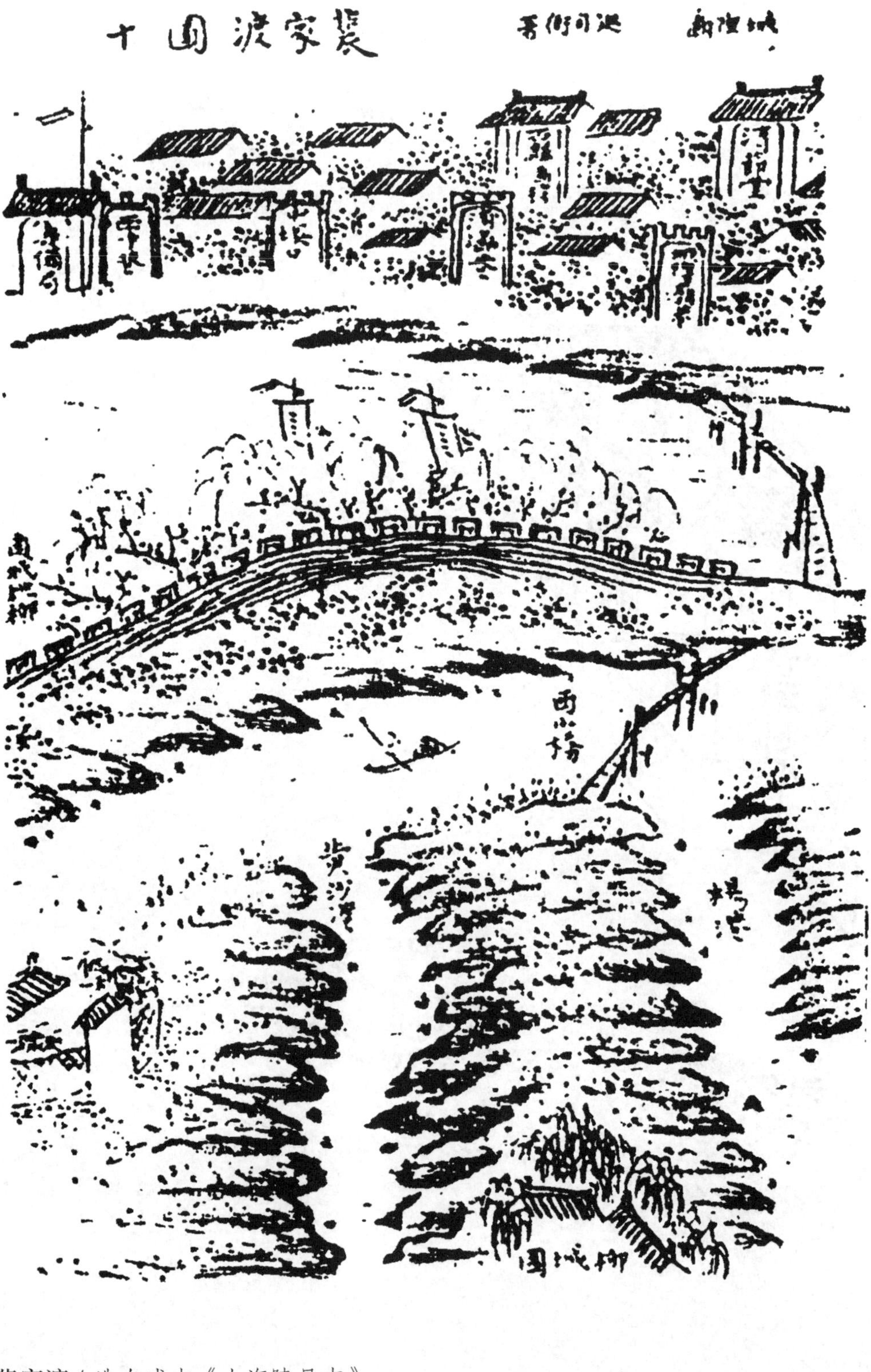

裴家渡／选自咸丰《古海陵县志》

江南旧志图选·八景

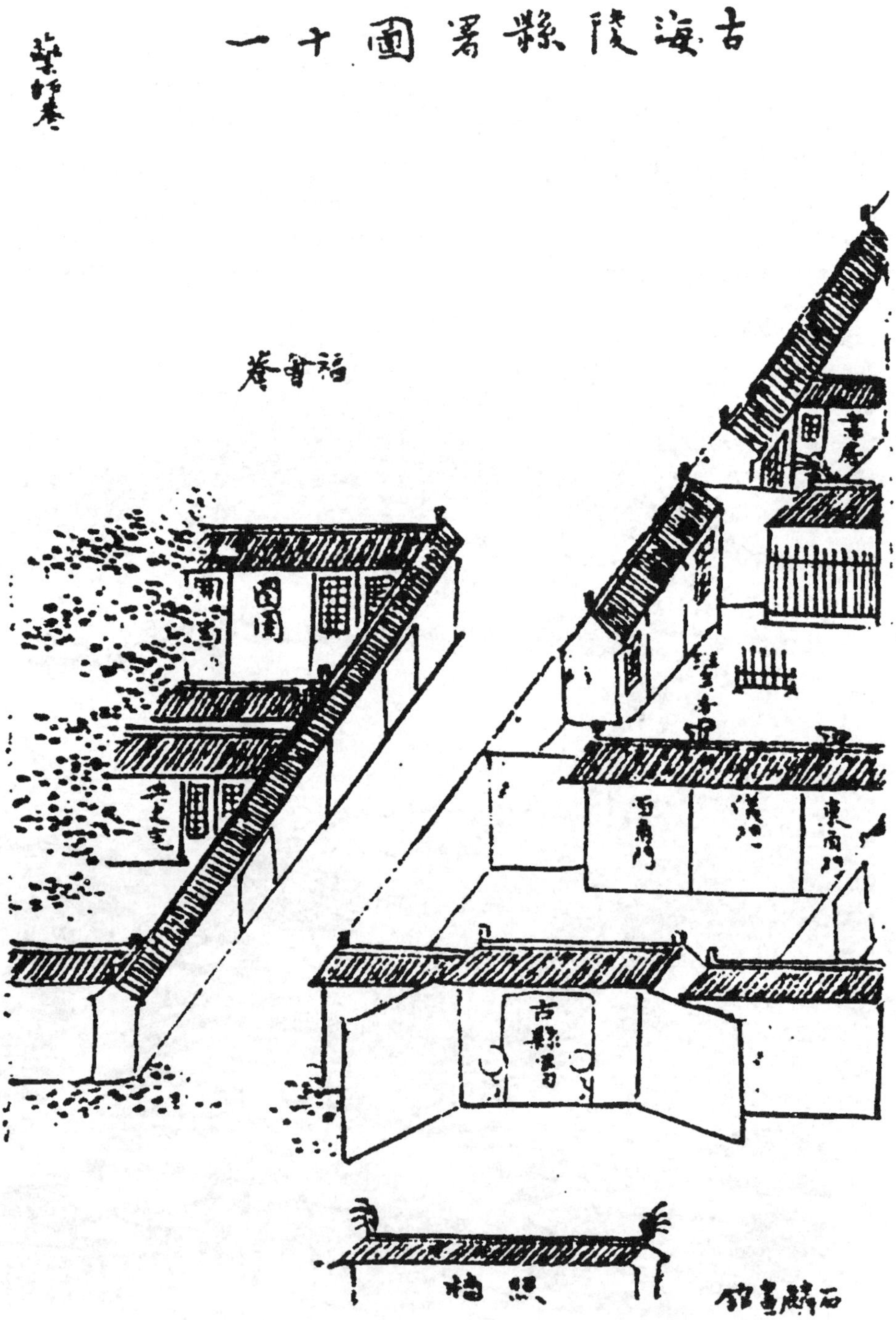

古海陵县署 / 选自咸丰《古海陵县志》

378

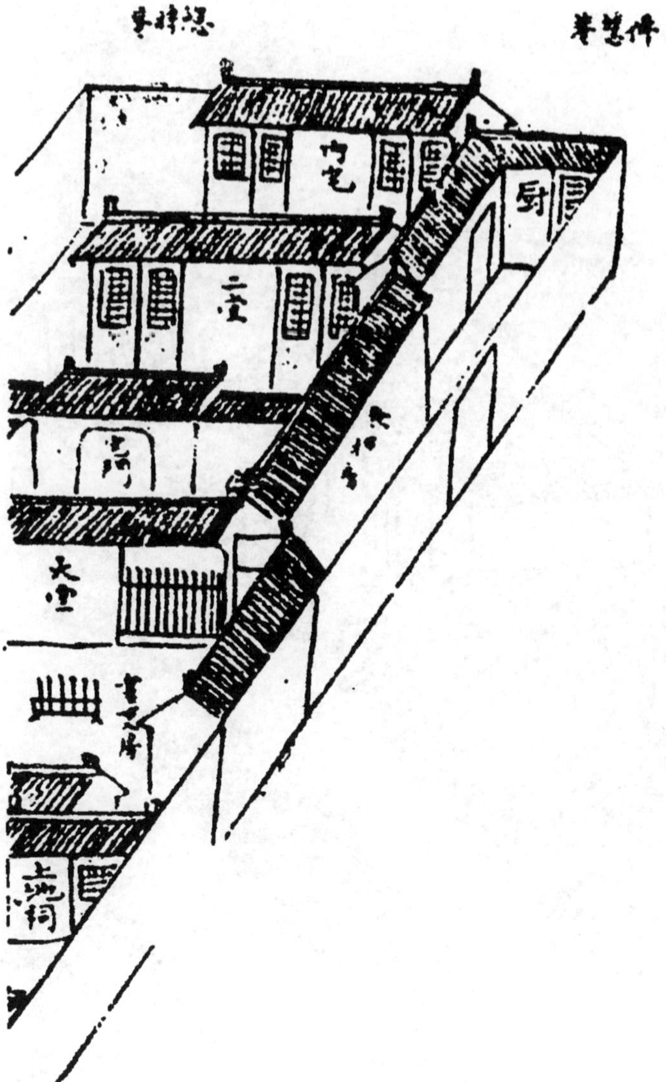
二堂
大堂

镇宁门 / 选自咸丰《古海陵县志》

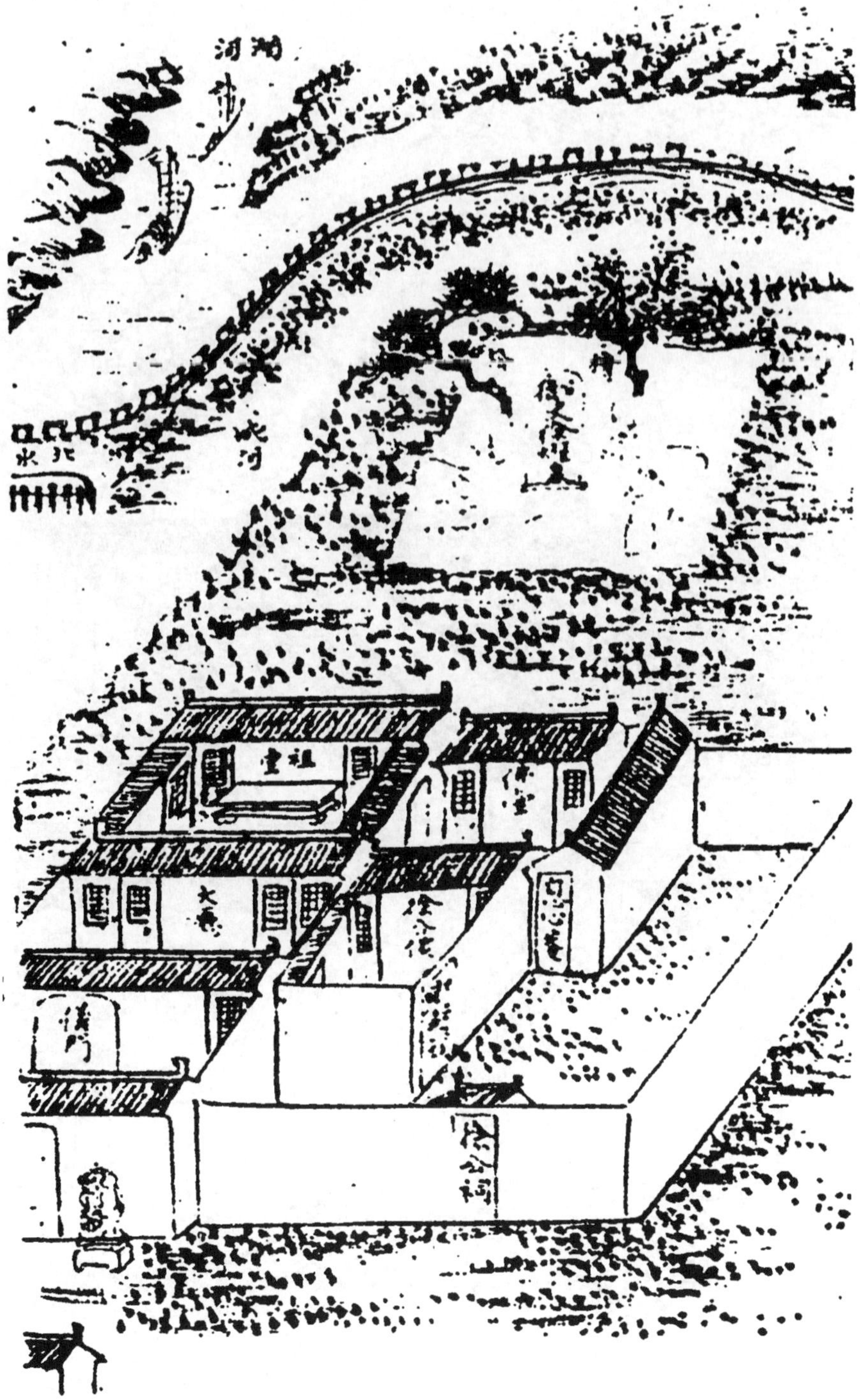

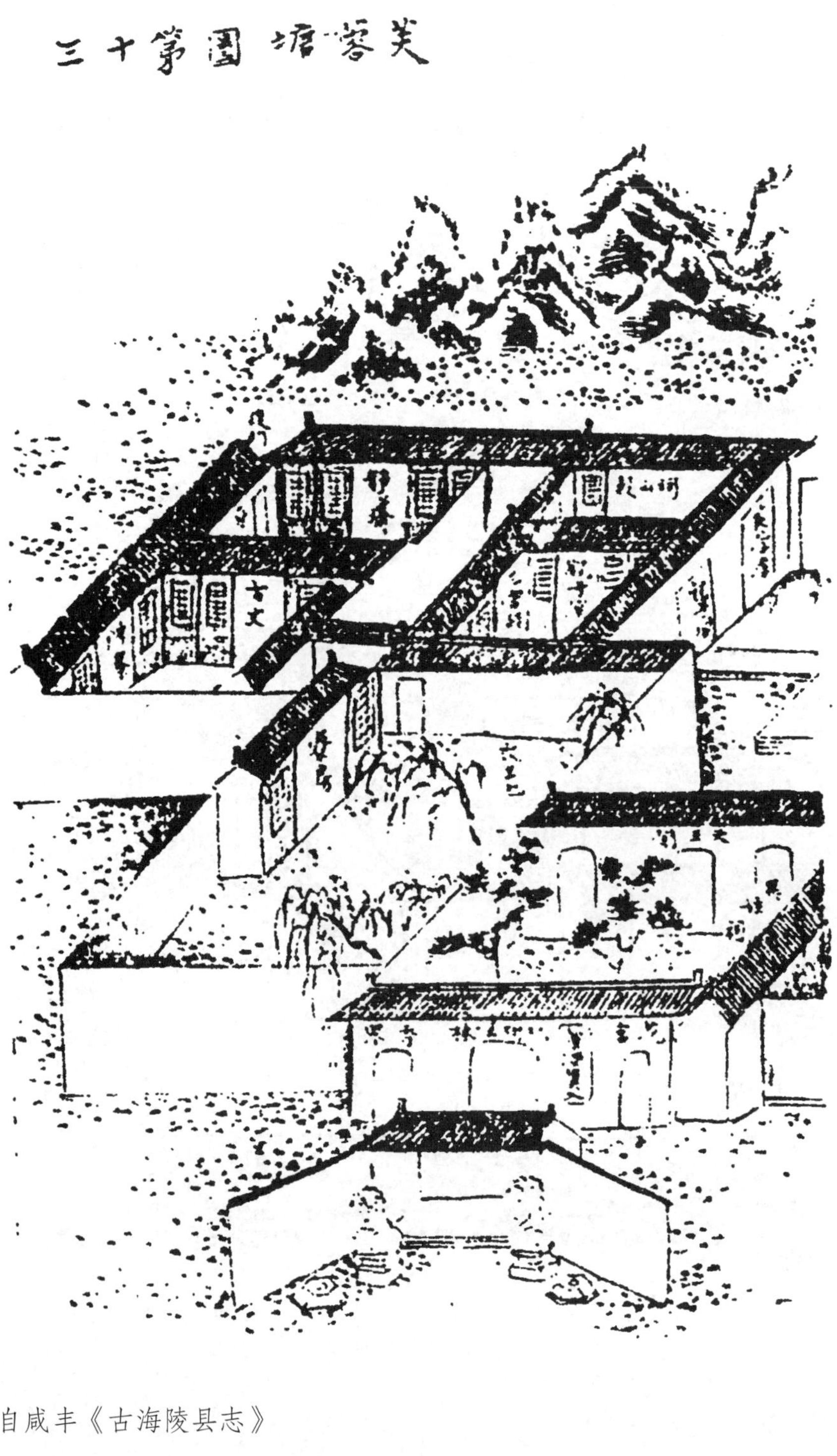

芙蓉塘 / 选自咸丰《古海陵县志》

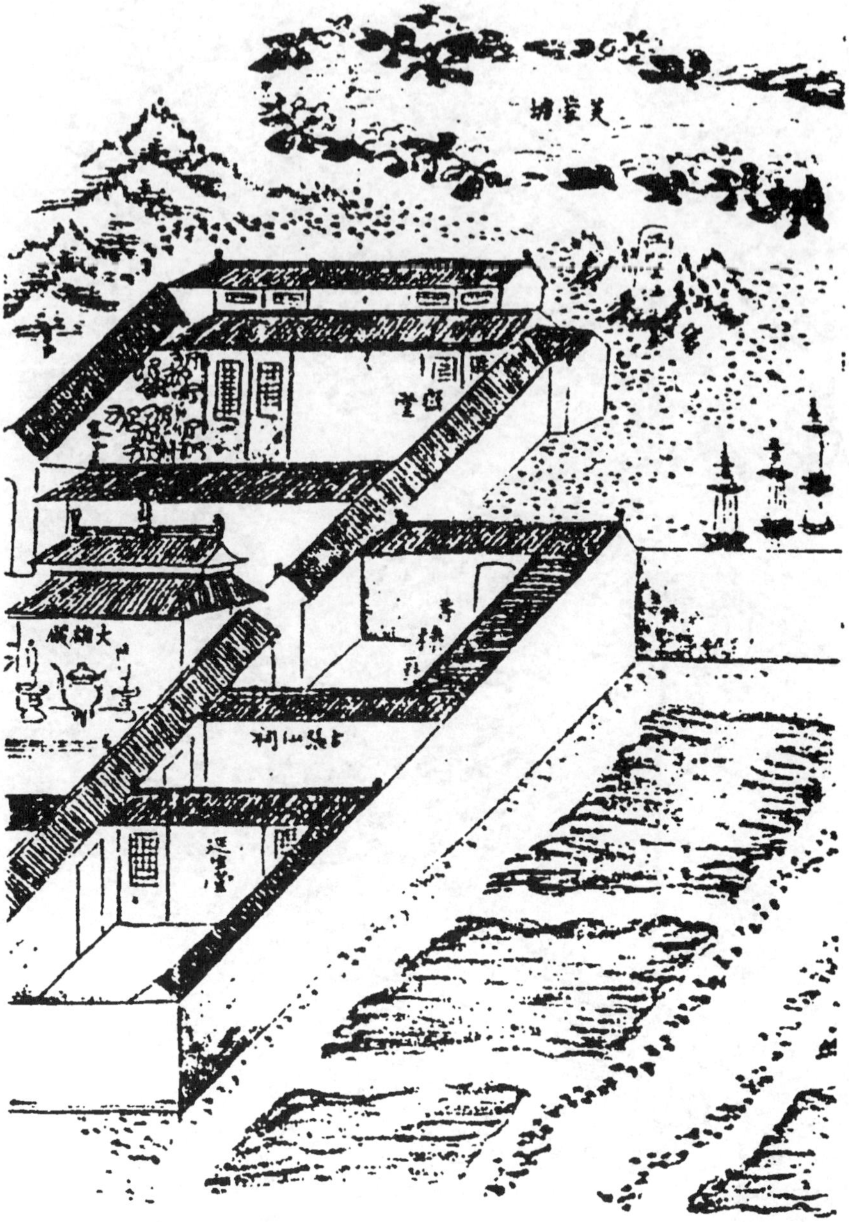

明道书院/选自咸丰《古海陵县志》

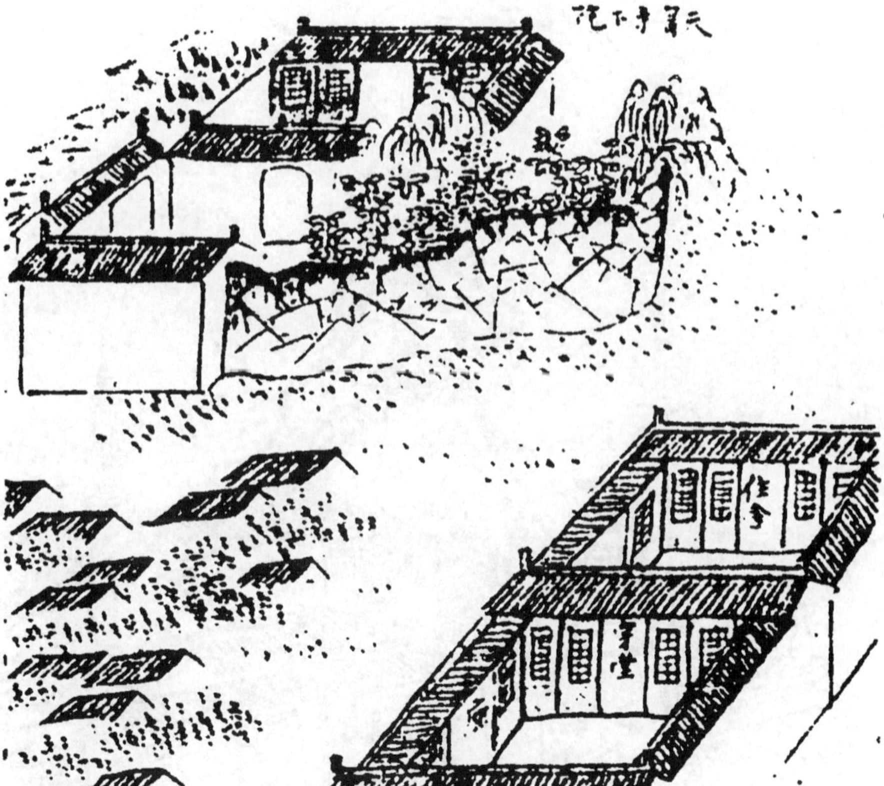
講堂

蔡家渡 / 选自咸丰《古海陵县志》

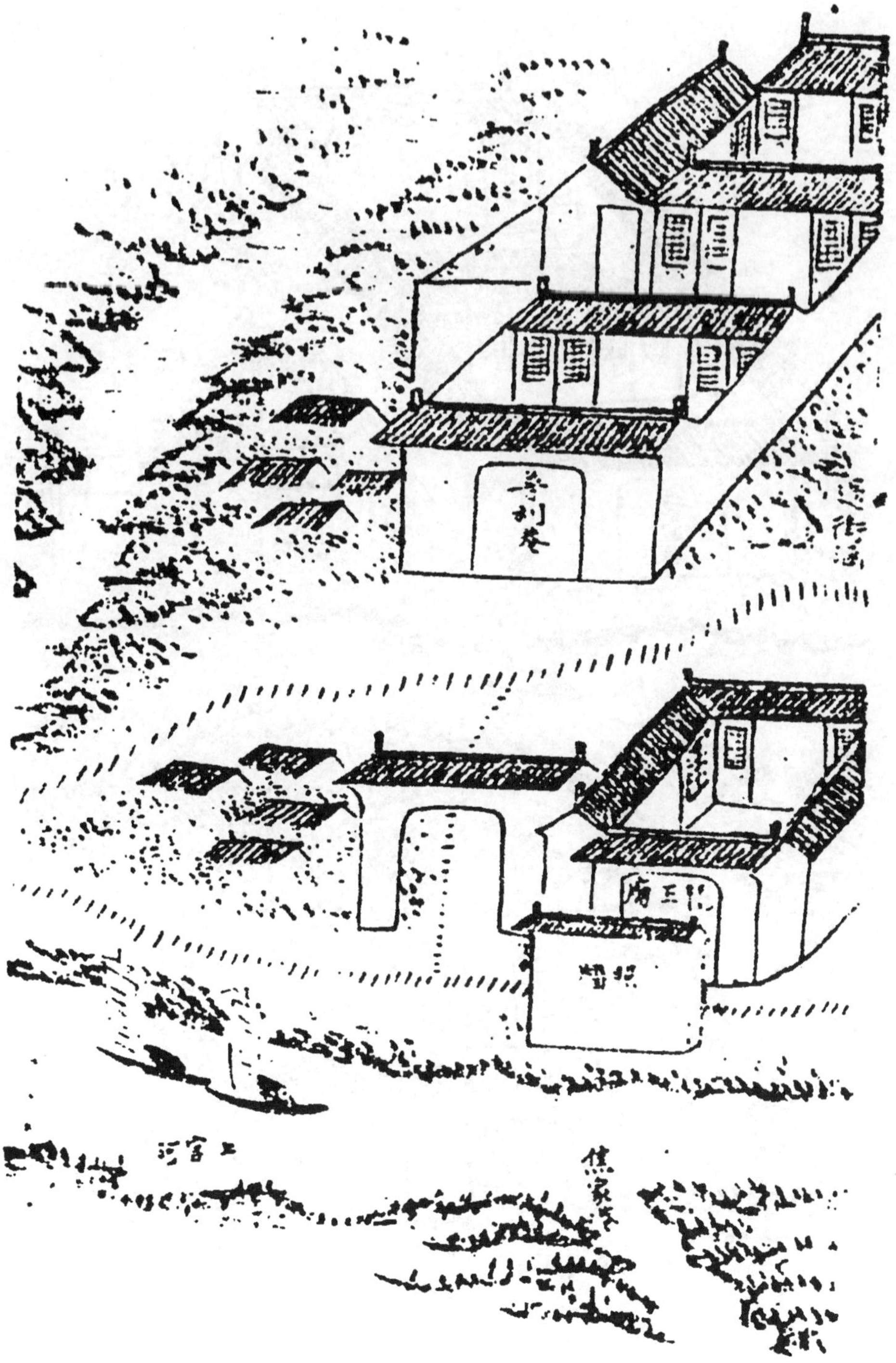

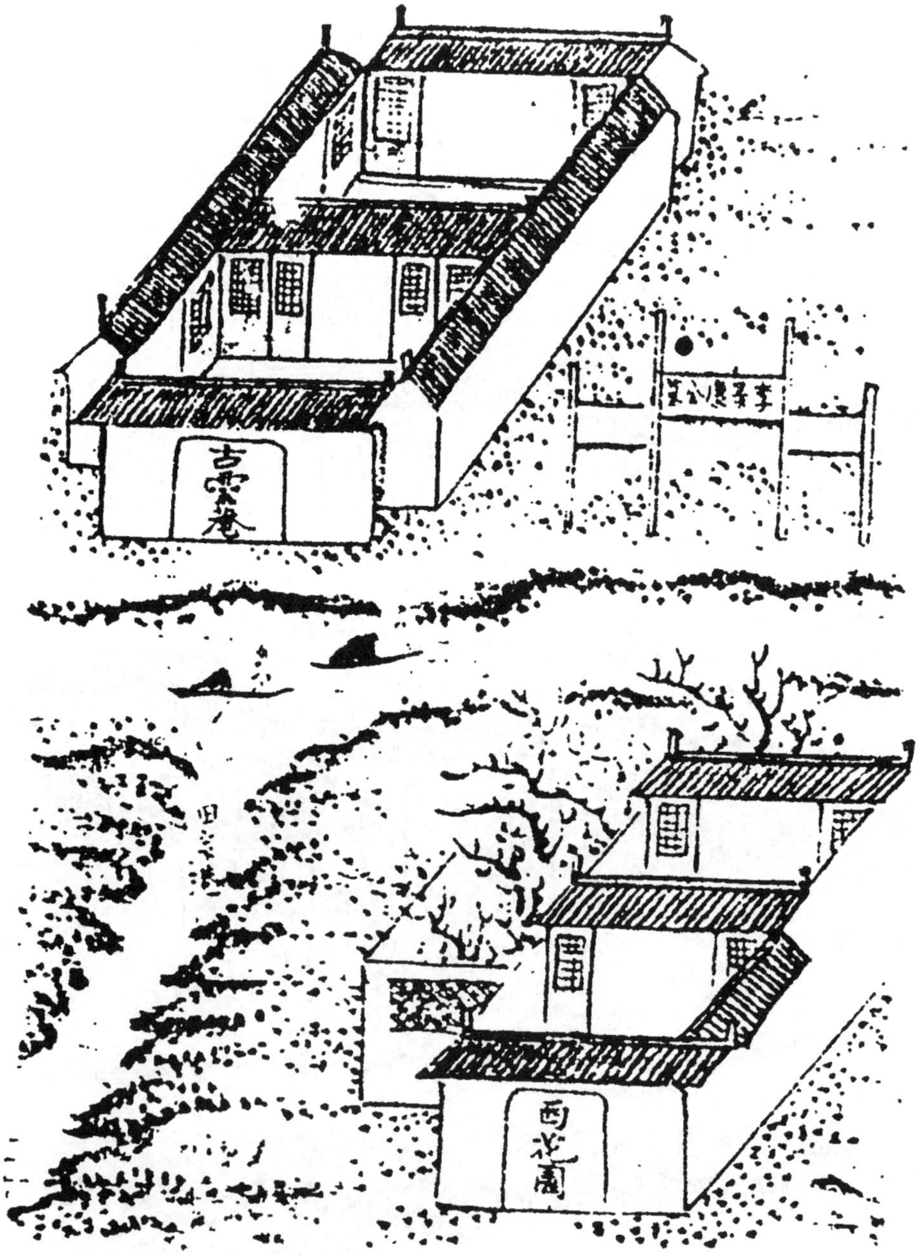

三里庙 / 选自咸丰《古海陵县志》

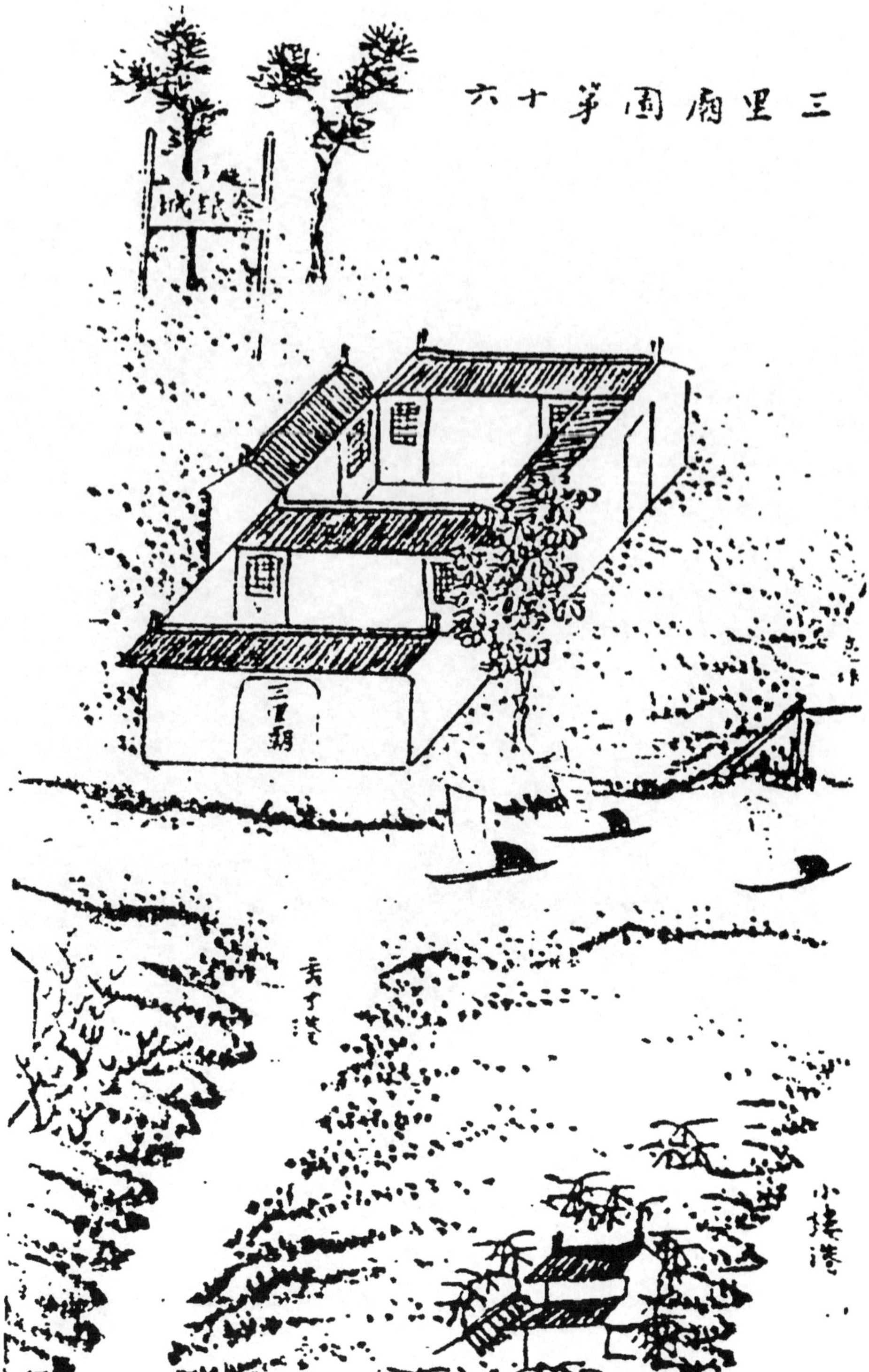
三里廟圖第十六

崇明八景

层城表海 / 选自乾隆《崇明县志》

層城表海

沧江大阅 / 选自乾隆《崇明县志》

滄江大閱

渔艇迎潮 / 选自乾隆《崇明县志》

漁艇迎潮

七浦归帆 / 选自乾隆《崇明县志》

七浦歸帆

鹾场积雪 / 选自乾隆《崇明县志》

鹺場積雪

吉贝连云 / 选自乾隆《崇明县志》

吉貝連雲

玉宇机声 / 选自乾隆《崇明县志》

玉宇機聲

金鳌镜影 / 选自乾隆《崇明县志》

金鰲鏡影

松江十景

凤凰山 / 选自嘉庆《松江府志》

鳳凰山圖

陆宝山 / 选自嘉庆《松江府志》

陸寶山圖
厙公山

兰笋山 / 选自嘉庆《松江府志》

蘭筍山圖
即佘山
普照寺
施相公廟

神山 / 选自嘉庆《松江府志》

神山圖
一名細林山
玉皇殿
三清殿
煉丹所
三茅殿

薛山 / 选自嘉庆《松江府志》

薛山圖

机山 / 选自嘉庆《松江府志》

機山圖
機山道院
平原邨

横云山 / 选自嘉庆《松江府志》

橫雲山圖
小赤壁
仙人澆酒石

干山 / 选自嘉庆《松江府志》

十山圖
即大馬山
鐵槐樹
溪秀

昆山 / 选自嘉庆《松江府志》

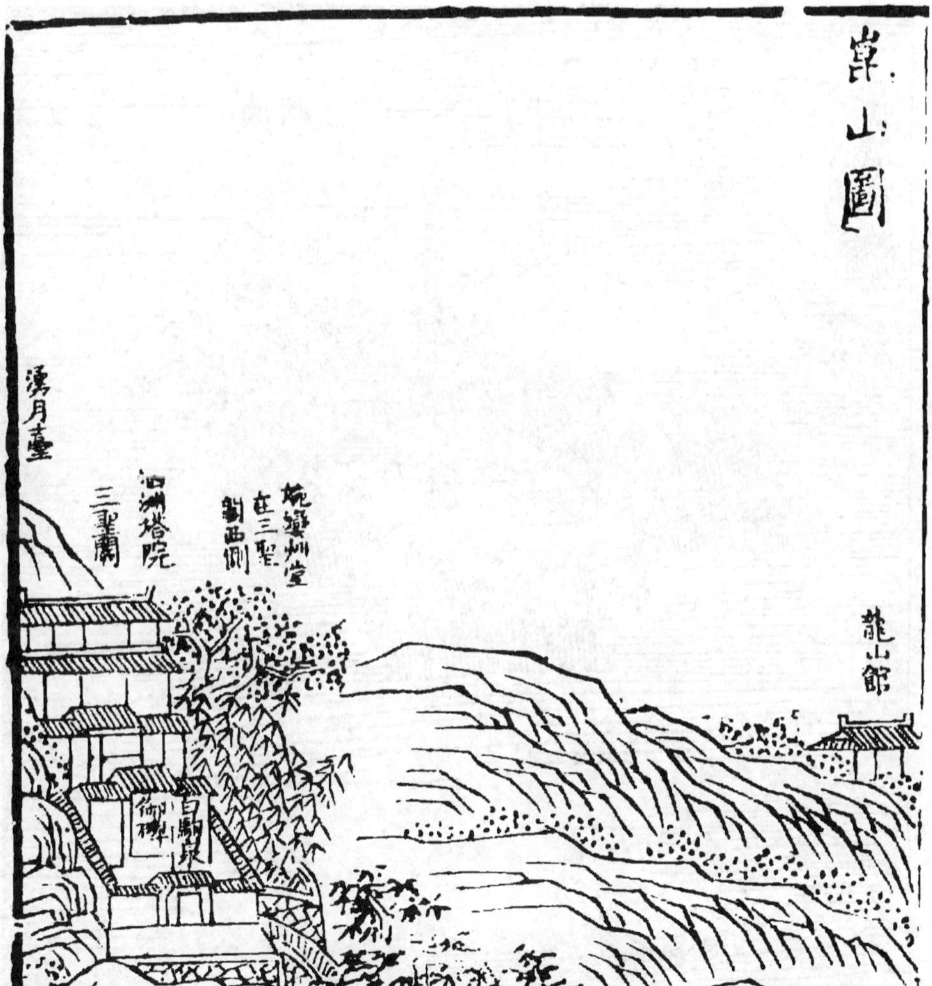
崑山圖
龍山館
施鑾州堂
在三聖閣西側
泗洲塔院
三聖閣
湧月臺
白駒泉
御碑

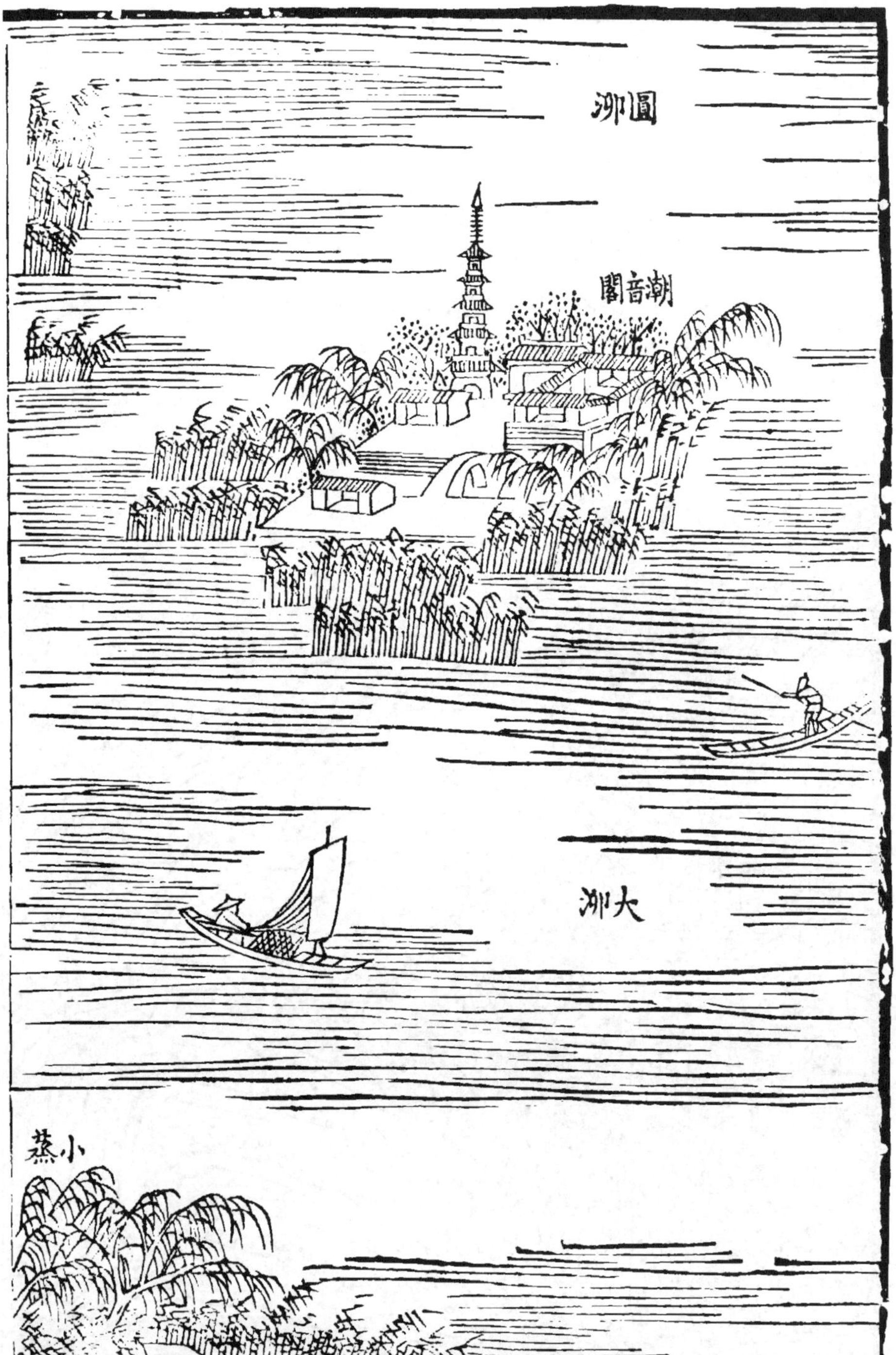

三泖／选自嘉庆《松江府志》

三泖圖
長泖

西湖十景

苏堤春晓 / 选自《西湖志》

蘇堤春曉

双峰插云 / 选自《西湖志》

雙峰插雲
北高峰
御碑亭

柳浪闻莺 / 选自《西湖志》

柳浪聞鶯
御書亭

花港观鱼 / 选自《西湖志》

花港觀魚

曲院风荷 / 选自《西湖志》

曲院風荷

平湖秋月 / 选自《西湖志》

平湖秋月

南屏晓钟 / 选自《西湖志》

南屏晓鐘
南山亭
南屏山

三潭印月 / 选自《西湖志》

三潭印月
御書亭

雷峰西照 / 选自《西湖志》

雷峰西照

断桥残雪 / 选自《西湖志》

斷橋殘雪
葛嶺
寶叔塔
御書亭
斷橋

西湖十八景

湖山春社 / 选自《西湖志》

湖山春社
聚景樓
御書竹素園
觀瀑軒
湖山神廟

功德崇坊 / 选自《西湖志》

功德崇坊

玉带晴虹 / 选自《西湖志》

玉帶晴虹
關帝廟

海霞西爽 / 选自《西湖志》

海霞西爽
五柳居
陸宣公祠

梅林归鹤 / 选自《西湖志》

梅林歸鶴

鱼沼秋蓉 / 选自《西湖志》

魚沼秋蓉
放生池

莲池松舍 / 选自《西湖志》

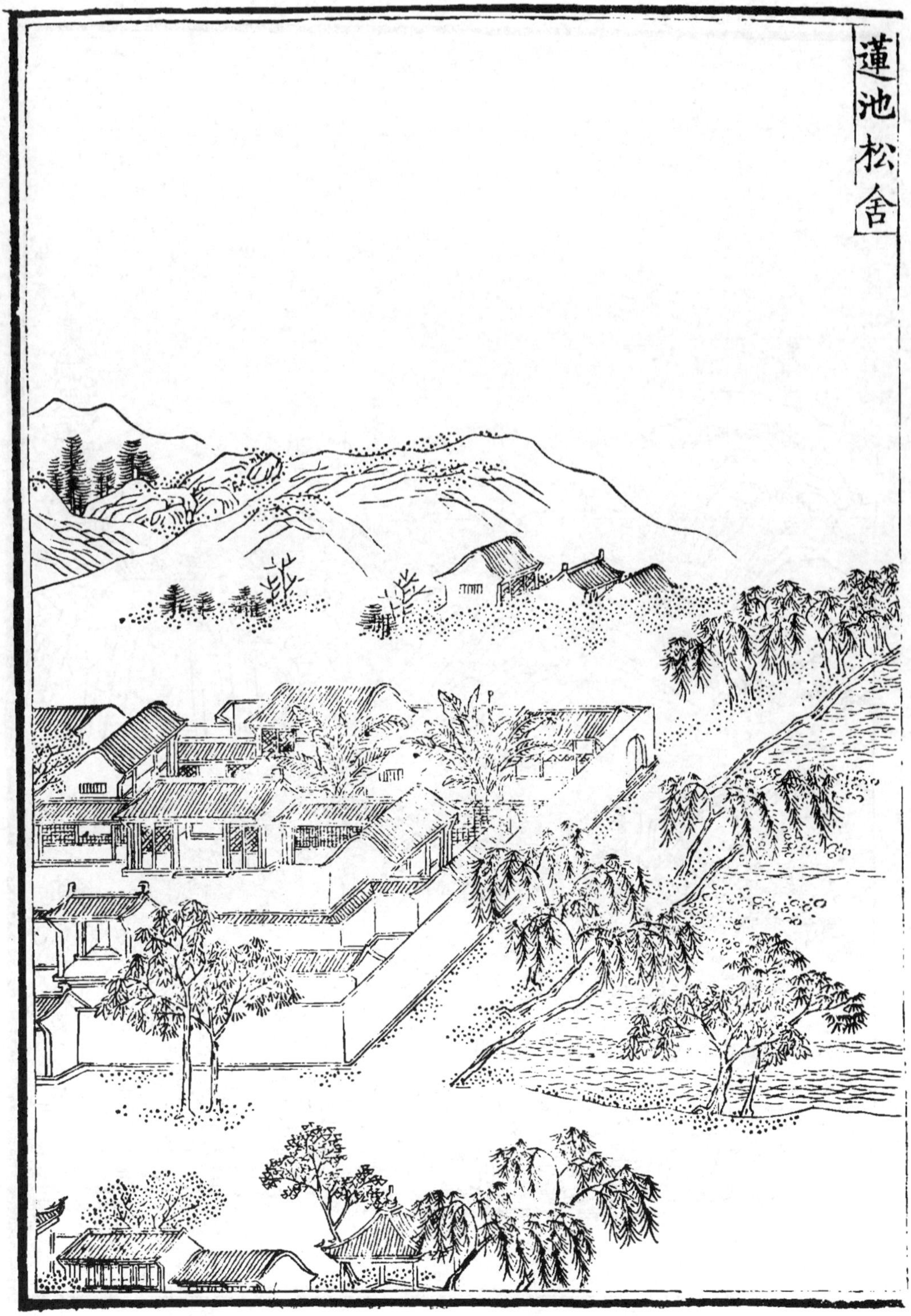
蓮池松舍

宝石凤亭 / 选自《西湖志》

寶石鳳亭

亭湾骑射 / 选自《西湖志》

亭灣騎射
校射亭
關帝廟

蕉石鸣琴 / 选自《西湖志》

蕉石鳴琴
丁家山

玉泉鱼跃 / 选自《西湖志》

玉泉魚躍

凤岭松涛 / 选自《西湖志》

鳳嶺松濤
觀風偶憩
萬松嶺

湖心平眺 / 选自《西湖志》

湖心平眺

吴山大观 / 选自《西湖志》

吳山大觀
御書亭
大觀臺
龍神廟

天竺香市 / 选自《西湖志》

天竺香市
中天竺
下天竺

云栖梵径 / 选自《西湖志》

雲棲梵徑

韬光观海 / 选自《西湖志》

韜光觀海
雲林寺

西溪探梅 / 选自《西湖志》

西溪探梅

钱塘八景

六桥烟柳 / 选自《西湖志》

六橋煙柳
跨虹
東浦
望山

九里云松 / 选自《西湖志》

九里雲松

灵石樵歌 / 选自《西湖志》

灵石樵歌

冷泉猿啸 / 选自《西湖志》

冷泉猿嘯
冷泉亭
敕賜雲林寺

葛岭朝暾/选自《西湖志》

葛嶺朝暾
初陽臺

孤山霁雪 / 选自《西湖志》

孤山霽雪
孤山
快雪堂

北关夜市 / 选自《西湖志》

北關夜市

浙江秋涛 / 选自《西湖志》

浙江秋濤
御書
恬波利濟

钱塘十景

南屏晚钟 / 选自康熙《钱塘县志》

南屏晚鐘

三潭映月 / 选自康熙《钱塘县志》

三潭映月

雷峰西照 / 选自康熙《钱塘县志》

雷峯西照

花港观鱼 / 选自康熙《钱塘县志》

花港觀魚

苏堤春晓 / 选自康熙《钱塘县志》

蘇堤春晓

双峰插云 / 选自康熙《钱塘县志》

雙峯插雲

曲院风荷 / 选自康熙《钱塘县志》

曲院風荷

平湖秋月 / 选自康熙《钱塘县志》

平湖秋月

断桥残雪 / 选自康熙《钱塘县志》

斷橋殘雪

柳浪闻莺 / 选自康熙《钱塘县志》

柳浪聞鶯

临安十景

净土云林/选自宣统《临安县志》

长桥月艇 / 选自宣统《临安县志》

白石高踪 / 选自宣统《临安县志》

垂溜隐迹 / 选自宣统《临安县志》

钱王古冢 / 选自宣统《临安县志》

谢傅东山 / 选自宣统《临安县志》

龙潭春雨 / 选自宣统《临安县志》

天目秋风 / 选自宣统《临安县志》

苕溪水涨 / 选自宣统《临安县志》

锦潭鱼跃 / 选自宣统《临安县志》

徽州十六景

黃山前海 / 选自道光《徽州府志》

黄山前海
天都峯
朱砂峯
慈光寺

黄山后海 / 选自道光《徽州府志》

石筍矼
光明頂

紫阳山 / 选自道光《徽州府志》

新安江 / 选自道光《徽州府志》

白岳 / 选自道光《徽州府志》

白嶽
玉屏峯
隱雲峯
鐘峯
浮蓋峯
劍峯
展旗峯
獅山

古城岩 / 选自道光《徽州府志》

古城岩
還古書院
觀音巖

松萝山 / 选自道光《徽州府志》

松蘿山

断石山 / 选自道光《徽州府志》

無念閣
地藏殿
漸岸書屋
祖師殿
官殿

龙尾山 / 选自道光《徽州府志》

龍尾山
龍尾

高湖山 / 选自道光《徽州府志》

摩天頂
浙嶺
山坑

青萝岩 / 选自道光《徽州府志》

闾门 / 选自道光《徽州府志》

閶門

小桃源 / 选自道光《徽州府志》

小桃源
棲真谷
小劍門

林历山 / 选自道光《徽州府志》

林歷山

石照山 / 选自道光《徽州府志》

石鏡
石鏡

翠眉亭 / 选自道光《徽州府志》

翠眉亭